高等学校教材

统计分析与数据挖掘

常瑞花　宋　慧　王海燕　任芹玉
张秀琴　周洪丞　秦　乐　　　编著

西北工业大学出版社
西安

【内容简介】 本书分为8章,主要内容包括统计分析和数据挖掘的基本概念、数据的描述性分析、数据的预处理、关联分析、分类、聚类、相关与回归分析以及时间序列分析和预测等。通过对本书的学习,读者能较好地掌握统计分析和数据挖掘的基本思想和基础理论,提高数据分析问题的能力。

本书可作为数据科学、统计学、计算机科学等理工科有关专业本科生和研究生相关课程教材,也可供从事数据咨询、数据分析研究等人员阅读、参考。

图书在版编目(CIP)数据

统计分析与数据挖掘/常瑞花等编著. —西安:西北工业大学出版社,2022.10
ISBN 978－7－5612－8129－1

Ⅰ.①统… Ⅱ.①常… Ⅲ.①统计分析-应用软件-高等学校-教材 ②数据处理-高等学校-教材 Ⅳ. ①C819 ②TP274

中国版本图书馆 CIP 数据核字(2022)第 194329 号

TONGJI FENXI YU SHUJU WAJUE
统 计 分 析 与 数 据 挖 掘
常瑞花　宋慧　王海燕　任芹玉　张秀琴　周洪丞　秦乐　编著

责任编辑:华一瑾	策划编辑:华一瑾
责任校对:王玉玲　李靖雯	装帧设计:李　飞

出版发行:西北工业大学出版社
通信地址:西安市友谊西路 127 号　　邮编:710072
电　　话:(029)88493844,88491757
网　　址:www.nwpup.com
印刷者:陕西奇彩印务有限责任公司
开　　本:787 mm×1 092 mm　　1/16
印　　张:11.75
字　　数:293 千字
版　　次:2022 年 10 月第 1 版　　2022 年 10 月第 1 次印刷
书　　号:ISBN 978－7－5612－8129－1
定　　价:58.00 元

如有印装问题请与出版社联系调换

前　言

随着存储成本的降低、传感器的广泛普及,物联网、云计算等技术的发展,海量数据扑面而来,人类社会已经进入大数据时代。一切的衣食住用行都是用数据说话,无论到哪里都离不开数据的支持。例如:地图上的导航系统,就是实时分析路面数据得到的;购物网站上的商品推荐,就是由推荐系统根据我们的购物记录得到的;医院诊断某一疾病的病因,是统计分析各种指标得到的。这样的例子还有很多,无不说明了数据分析在现代社会的作用和价值。大数据时代,数据离不开数据分析,只有在数据的统计分析与挖掘的作用下,大数据才能发挥出巨大的威力。同时,如果没有合理的统计分析和数据挖掘的思维与技术,从数据中挖出来的可能只是"玻璃"而非"金子"。

市面上统计分析或数据挖掘的书很多,然而同时考虑统计分析和数据挖掘的书籍较少,为了适应学科发展,完善配套教材体系,本书在大学基础研究基金项目(WJY202106)和大学"双重"建设项目的支持下,启动了编写工作。

本书分为8章:第1章介绍统计分析和数据挖掘的基础知识;第2章、第7章和第8章为统计分析内容,主要介绍集中趋势、离散程度、偏态峰态、可视化图形等描述性方法,相关与回归分析以及时间序列分析方法;第3章～第6章为数据挖掘内容,主要介绍关联分析(Apriori算法和FP-growth树算法)、常用的分类方法(决策树、贝叶斯分类器、支持向量机、人工神经网络、最近邻分类算法)、常用的聚类方法(划分聚类、层次聚类、密度聚类)等。

本书第1章由常瑞花编写,第2章由任芹玉、常瑞花编写,第3章由宋慧、常瑞花编写,第4章由秦乐、常瑞花编写,第5章由常瑞花、张秀琴、王海燕、周洪丞编写,第6章由张秀琴、常瑞花编写,第7章由王海燕编写,第8章由常瑞花编写,全书由常瑞花统稿。

编写本书曾参阅了相关文献、资料,在此一并向其作者表示感谢。

感谢张之明、武国斌对本书顺利编写提供的帮助,感谢周艳秋、邱晓华以及校内外评审专家对本书提出的宝贵修改意见。

由于笔者水平有限,书中的疏漏之处在所难免,敬请读者提出宝贵意见,以便我们进一步修订完善。

编著者

2022年7月

目　录

第 1 章　绪论 1
　1.1　统计分析 1
　1.2　数据挖掘 2
　1.3　可以挖掘分析的数据类型 4
　1.4　统计分析与数据挖掘涉及的技术 5
　1.5　统计分析与数据挖掘的应用领域 6
　1.6　开源数据集 8
　习题 8
　参考文献 8

第 2 章　数据描述性统计分析 10
　2.1　数据类型 10
　2.2　集中趋势的度量 12
　2.3　离散程度的度量 19
　2.4　偏态和峰态 21
　2.5　数据的可视化分析 23
　习题 32
　参考文献 33

第 3 章　数据预处理 34
　3.1　数据清洗 34
　3.2　数据集成 37
　3.3　数据规约 40

3.4　数据变换 ………………………………………………………………… 43

　　习题 ……………………………………………………………………………… 46

　　参考文献 ………………………………………………………………………… 46

第 4 章　关联分析 ……………………………………………………………… 47

　　4.1　基本概念 ………………………………………………………………… 48

　　4.2　先验原理 ………………………………………………………………… 50

　　4.3　Apriori 算法 ……………………………………………………………… 51

　　4.4　FP - growth 树算法 ……………………………………………………… 59

　　4.5　关联规则模型的评估 …………………………………………………… 62

　　习题 ……………………………………………………………………………… 62

　　参考文献 ………………………………………………………………………… 64

第 5 章　分类 ……………………………………………………………………… 65

　　5.1　基本概念 ………………………………………………………………… 65

　　5.2　决策树 …………………………………………………………………… 69

　　5.3　贝叶斯分类器 …………………………………………………………… 76

　　5.4　支持向量机 ……………………………………………………………… 83

　　5.5　人工神经网络 …………………………………………………………… 94

　　5.6　最近邻分类算法 ………………………………………………………… 103

　　5.7　模型评估 ………………………………………………………………… 105

　　习题 ……………………………………………………………………………… 110

　　参考文献 ………………………………………………………………………… 111

第 6 章　聚类 ……………………………………………………………………… 112

　　6.1　聚类分析概述 …………………………………………………………… 112

　　6.2　划分聚类 ………………………………………………………………… 117

　　6.3　层次聚类 ………………………………………………………………… 122

　　6.4　密度聚类 ………………………………………………………………… 129

　　习题 ……………………………………………………………………………… 133

　　参考文献 ………………………………………………………………………… 134

第7章　相关与回归分析 ·· 135

　　7.1　变量间关系的度量 ·· 135

　　7.2　一元线性回归 ·· 142

　　习题 ·· 154

　　参考文献 ··· 155

第8章　时间序列分析和预测 ·· 156

　　8.1　时间序列概述 ·· 156

　　8.2　时间序列的描述性分析 ··· 160

　　8.3　时间序列预测方法的评估 ·· 165

　　8.4　平稳时间序列的预测 ·· 165

　　8.5　趋势时间序列预测 ··· 170

　　8.6　复合时间序列的分解预测 ·· 171

　　习题 ·· 176

　　参考文献 ··· 180

第1章 绪 论

随着计算机及通信技术的迅猛发展,人类社会已进入信息时代,每天来自商业、社会、科学、工程、医学以及个人日常生活的以 TB 计的海量、异构数据快速增长并被存放在大型数据库中。如果没有强有力的数据分析工具,理解它们远远超出了人类的认知能力,大型数据库和网络将变成一个个"数据坟墓"。亚马逊前首席科学家 Andreas Weigend 曾指出:"数据是新的石油",数据已经成为世界各国必争之地。同时,人们意识到,激增的数据背后隐藏着许多重要的信息和知识,人们希望能够对这些数据进行更高层次的分析,把数据转化成有用的知识,以便更好地利用这些数据。需要是发明之母,数据和知识之间的鸿沟激发了对强有力数据分析的需求,因此促进了数据分析理论和技术研究的蓬勃发展。数据分析从狭义的角度看,是指传统的统计分析;从广义的角度看,还包括数据挖掘。

1.1 统计分析

统计分析(statistical analysis)是指以统计资料为依据,以统计方法为手段,定量分析与定性分析相结合去认识事物的一种分析研究活动,为统计工作的关键步骤之一。统计最基本的特点是以数据为语言,用数据说话。

统计分析方法按不同的分类标志,通常分为描述统计和推断统计两种。

(1)描述统计(descriptive statistics)是将待分析的数据加以整理、归类、简化或绘制成图表,以此来描述和归纳数据的特征及变量之间关系的一种最基本的统计方法。描述统计主要涉及数据的集中趋势、离散程度、峰态偏态等。

(2)推断统计(inferential statistics)是研究如何利用样本数据来推断总体特征的统计分析方法。推断统计包括参数估计和假设检验两大类。

描述统计和推断统计二者彼此联系,相辅相成,在具体的研究过程中,如果研究的目的是描述数据的特征,则需进行描述统计,如果需利用样本信息对总体的某个假设是否成立进行推断,则需进行推断统计。

例如:某装备部门从一批催泪弹中随机抽取 100 个催泪弹作为样本数据,测出它们的使用寿命,然后根据样本数据的平均使用寿命估计这一批催泪弹的平均使用寿命,或者是检验这批催泪弹的使用寿命是否大于/小于/等于某个特定的值,这就需要推断统计方法。如果需要了解这批样本数据的平均寿命及其分布情况,则需要采用描述统计方法。

统计分析的基本步骤通常包括以下三步:

(1)收集数据。收集数据是进行统计分析的前提和基础。数据分为一手数据和二手数据,收集的方法也有很多,例如实验、观察、调查等获取的均是一手数据,通过互联网下载、文件检索等获取的是间接数据即二手数据。二手数据具有搜集方便、数据采集快、成本低等特点,但是存在资源相关性不强,针对性不够,数据质量、来源等待考究等不足。

(2)整理数据。整理数据就是按一定的标准对收集到的数据进行归类汇总的过程。由于收集到的原始数据往往是无序、零散、不系统的,在数据分析之前,需要审核数据的质量与数量,对数据分组汇总,初步了解数据的分布特征。

(3)分析数据。分析数据指在整理数据的基础上,通过统计运算,得出结论的过程,它是统计分析的核心和关键。

1.2 数据挖掘

数据挖掘技术的产生可以追溯到 20 世纪 90 年代,随着数据库系统的广泛应用和网络技术的高速发展,数据库技术进入到了一个全新的阶段,即从过去仅管理一些简单数据发展到管理由各种计算机所产生的图形、图像、音频、视频、电子档案、Web 页面等多种类型的复杂数据,并且数据量也越来越大。

数据库在给我们提供丰富信息的同时,也体现出明显的海量信息特征。信息爆炸时代,海量信息给人们带来许多负面影响,最主要的就是有效信息难以提炼,产生了"信息丰富而知识贫乏"的窘境。因此,人们迫切希望能对海量数据进行深入分析,发现并提取隐藏在其中的信息,以便更好地利用这些数据。但仅以数据库系统的录入、查询、统计等功能,无法发现数据中存在的关系和规则,无法根据现有的数据预测未来的发展趋势,更缺乏挖掘数据背后隐藏知识的手段。正是在这样的条件下,数据挖掘技术应运而生。

数据挖掘(data mining)的定义,人们通常认为是指从大型数据集(可能是不完全的、有噪声的、不确定性的、各种存储形式的)中,挖掘隐含在其中的、人们事先不知道的、对决策有用的知识的过程。这里需要注意的是,我们希望从数据集中挖掘出隐含其中的、事先不知道的、有用的知识。

1.2.1 数据挖掘的过程模型

为了完成对一个实际问题的数据挖掘,一般经历问题的求解、数据的理解、数据的收集、数据的准备、建立挖掘模型、模型的评价等一系列环节。虽然在不同行业、领域、数据规模的数据挖掘过程不尽相同,但是学者们抽象出系统化方法,抽象出了不同的数据挖掘过程模型,常见的有三阶段过程模型、SEMMA 模型、5A 模型和 CRISP - DM 模型,等等,其中 CRISP - DM 独立于具体的数据挖掘算法和数据挖掘系统,强调数据挖掘的方法和步骤,在数据挖掘实践中较为通用,下述对其进行介绍。

CRISP - DM 是 Cross Industry Standard Process for Data Mining 的缩写,即跨行业数据挖掘标准流程。CRISP - DM 提供了一种标准化和结构化的方法。在实际应用中,可以根据数据挖掘项目的特点,调整数据挖掘事件序列执行的先后顺序,有时需要回溯到前一个事件重复迭代。本质上而言,CRISP - DM 本质是按照提出问题、分析问题和解决问题的思路进行的。

CRISP-DM 模型分为 6 个阶段,具体如图 1-1 所示。

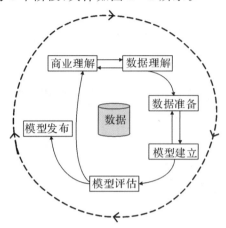

图 1-1 CRISP-DM 数据挖掘过程模型

(1)商业理解:主要是明确业务需求和分析目标,并将其转换为数据挖掘的问题定义。

(2)数据理解:主要是理解业务,探索和筛选所需的数据,并明确地定义数据。数据理解阶段主要是根据业务需求获取数据,必要时还需要进行数据的集成、数据的查询、可视化、特征统计等数据探索过程。

(3)数据准备:由于业务数据与分析数据格式不同,需要进行必要的数据转换,将未经过处理的、原始的粗糙数据进行处理,例如特征选择、数据清洗、数据转换、数据整合等等操作,构建出格式和内容上符合后续数据挖掘的数据,本阶段处理后的数据即是下一步建模分析的处理对象。

(4)模型建立:选择和应用各种模型技术,校正和优化各种模型参数。通常,同一类数据挖掘问题会有多种建模技术。一些技术对数据格式有特殊的要求,因此常常需要返回到数据准备阶段。

(5)模型评估:在模型最后发布前,根据业务目标评估模型和检查模型来建立各个步骤。

(6)模型发布:主要是将数据分析应用到业务中,给出相应建议并提供参考。

1.2.2 数据挖掘的方法

按照其目的,将数据挖掘方法分为描述性和预测性两种。

(1)描述性:描述性分析指的是分析具有多个属性的数据集,找出潜在的模式并进行分类。描述性分析是一种无监督的学习过程。区别于有监督的学习,无监督学习算法没有参照指标,需要结合业务经验来判断数据分类是否正确。无监督学习比较耗时,而且对建模人员的业务素质要求较高。描述性分析主要应用于以下两种场景:第一种是观察个体之间的相似程度,如根据年龄、性别、收入等进行客户细分;第二种是根据客户购买的多个产品发现产品之间的相关性,主要算法包括样本聚类、关联规则等。常用算法有聚类、关联分析、因子分析、主成分分析等。

(2)预测性:预测性分析指的是用一个或多个自变量预测因变量的值,以历史数据为训练集,从中学习并建立模型,然后将此模型运用到当前数据上,推测结果。以客户违约作为预测性分析的研究场景,客户是否会违约是一个因变量,我们可以根据客户的性别、年龄、收入、职位、经济状况、历史信用状况等进行预测。常用算法有决策树、线性回归、逻辑回归、支持向量机、神经网络、判别分析等。

1.3 可以挖掘分析的数据类型

统计分析和数据挖掘,可以对任何类型的数据进行挖掘分析。数据的最基本形式有数据库数据、数据仓库数据和事务数据。挖掘分析的数据也可以是其他类型的非结构化数据,例如图数据、网络数据、空间数据、文本数据、多媒体数据、Web 数据,等等。

1.3.1 数据库数据

数据库(database)是一个长期存储在计算机内的、有组织的、可共享的、统一管理的大量数据的集合。数据库按照一定的规则,存储了百万条、千万条、上亿条数据。数据库可以分为关系型、半关系型和非关系型数据库。本书重点对关系型数据库进行分析。关系型数据库是表的汇集。每个表都被赋予一个唯一的名字。每个表都包含一组属性(列或字段),并且通常存放大量元组(记录或行)。当数据挖掘用于关系数据库时,可以进一步搜索趋势。例如数据挖掘系统可以分析顾客数据,根据顾客的收入、年龄和以前的信用数据预测新顾客的信用风险。关系数据库是数据挖掘的最常见、最丰富的信息源,因此也是数据挖掘研究一种主要的数据形式。

1.3.2 数据仓库数据

数据仓库是一个从多个数据源收集的信息存储库,存放在一致的模式下,并且通常驻留在单个站点上。数据仓库通过数据清理、数据变换、数据集成、数据装入和定期数据刷新来构造。

数据仓库中的数据围绕主题来组织。数据存储从历史的角度提供信息,并且通常是汇总的。例如,数据仓库不是存放每个销售事务的细节,而是存放每个商店、每类商品的销售事务的汇总,或汇总到较高层次,即每个销售地区,每类商品的销售事务的汇总。通常,数据仓库用多维数据结构数据立方体来建模。其中,每个维对应于模式中的一个或一组属性,每个单元存放某种聚集度量值。

1.3.3 事务数据

事务数据可以存放在表中。事务数据库的每个记录代表一个事务,如顾客的一次购物、一个航班订票或一个用户的网页点击。通常一个事务包含一个唯一的事务标识符(trans_ID),以及一个组成事务的项(如交易中购买的商品)的列表。事务数据主要用于关联规则中频繁模式的挖掘。

1.3.4 其他类型的数据

除关系数据库数据、数据仓库数据和事务数据外,还有其他类型的数据,它们具有各种各样的形式和结构,具有很不相同的语义。这样的数据类型在许多应用中可以见到,例如时间序列数据、空间数据、工程设计数据、超文本数据、多媒体数据(包括文本、图像、视频和音频数据)、图和网状数据以及万维网数据等。对这些复杂类型的数据进行数据挖掘是很大的挑战,但这些复杂的数据为数据挖掘提供了肥沃的土壤,是当前研究人员正在研究和挑战的问题。

1.4 统计分析与数据挖掘涉及的技术

统计分析与数据挖掘作为一个应用驱动的领域,其吸纳了统计学、机器学习、人工智能、模式识别、数据库技术、可视化、算法设计、高性能计算等许多应用领域的大量技术,如图1-2所示。

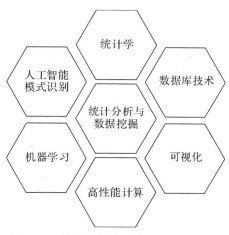

图1-2 统计分析与数据挖掘涉及技术

1.4.1 统计学

统计学研究数据的收集、分析、解释和表示。统计分析与数据挖掘和统计学具有天然联系。统计模型是一组数学函数,其用随机变量及其概率分布来刻画目标类对象的行为。统计模型可以是数据挖掘任务的结果。相应地,数据挖掘任务也可以建立在统计模型之上。例如,可以使用统计模型来对噪声和缺失的数据值建模。在大数据集中挖掘模式时,数据挖掘过程可以使用该模型来帮助识别数据中的噪声和缺失值。

统计学研究开发出了一些使用数据和统计模型进行预测和预报的工具。统计学方法可以用来汇总或描述数据集。统计学还可以从数据中挖掘各种模式,以及理解产生和影响这些模式的潜在机制。统计学方法也可以用来验证数据挖掘结果。

1.4.2 机器学习

机器学习考察计算机如何基于数据进行学习。其主要研究领域之一是计算机程序基于数据自动地学习并识别复杂的模式,进一步做出智能的决断。经典的机器学习分为监督学习、无监督学习、半监督学习和主动学习。

1.4.3 数据库与数据仓库技术

数据库技术产生于 20 世纪 60 年代末 70 年代初,其主要研究如何存储、使用和管理数据。数据库为统计分析和数据挖掘提供了有效的存储、索引和查询处理支持。数据仓库是面向主题的、集成的、随时间变化的、历史的、稳定的、支持决策制定过程的数据集合。数据库和数据仓库为数据分析提供了良好的基础。

1.4.4 人工智能与模式识别

人工智能是相对于人的自然智能而言的,是指采用人工的方法与技术,对人工智能进行模仿、延伸及扩展,进而实现"机器思维"式的人工智能。从本质上看,人工智能是一种对人类思维及信息处理过程的模拟和仿真。模式识别是通过计算机采用数学的知识和方法来研究模式的自动处理及判读,实现人工智能。计算机实现对文字、声音、人物、物体等的自动识别。在模式识别的过程中,信息处理实际上是机器对周围环境及客体的识别过程,是对人类参与智能识别的一个仿真,这个过程可以理解为一个分类的过程。

1.4.5 其他技术

除了上述技术,还有高性能计算、可视化技术、信息检索等技术均为数据挖掘技术的发展提供了重要支撑,使其可以高效地进行海量数据的分析和挖掘。

1.5 统计分析与数据挖掘的应用领域

随着数据收集和存储技术的飞速发展,医学、科学、军事、医疗、制造业等领域均积累了海量的数据,传统的方法难以对这些数据进行有效的分析,为此可以利用统计分析和数据挖掘技术发现数据背后的规律。下面重点对军事领域、医疗领域、零售业领域、制造业领域的应用进行介绍。

1.5.1 军事领域

随着世界新军事变革加速发展,战争模式由传统单一的作战样式转向复杂的信息化战。信息化战争致使作战数据海量增加,利用统计分析和数据挖掘技术可对收集的数据进行高效分析,发现数据间的未知关系和信息规律,破除信息化战场的"数据迷雾",可为指战员提供全面、可靠的数据分析和仿真结果,为部队训练、装备论证和作战指挥等提供有力的技术支撑。例如,借助关联规则分析、统计决策,可准确预判敌人的行动路线,对重要目标实施保护;借助决策树方法、人工神经网络以及可视化技术等,可进行目标火力分配。数据挖掘还可以进行战场环境分析,实现战场态势的精确感知,为指挥员提供更加清晰的战场态势显示。也可利用自然语言处理技术对情报文本内容进行分析,形成情报分类自动化模型,进而对情报进行自动分类,有力提升情报处理效率。还可利用数据挖掘技术实现对情报文本的自动摘要、情报的个性化推送等更多智能化服务。分析和挖掘装备数据,可以给部队提供快速识别目标和选择摧毁的先机条件。挖掘气象数据,可以利用对己方作战有利的气象条件,抢先发起攻击。挖掘涉恐数据,能发现恐怖主义网络、涉恐人员、地点和事件之间的联系,加强反恐行动的针对性。挖掘军事训练中的数据,可利用关联规则对官兵训练成绩进行分析,更有针对性地组织训练。

1.5.2 医疗领域

现代人要面对快节奏的学习、工作和生活,而且要处理好各种错综复杂的社会人际关系。面对激烈的竞争和挑战,人们的生理和心理都不断在衰弱、老化和病变。大量的人群处于亚健康状态,而且亚健康人群、疾病人群还在增加。通过对大量医学数据的挖掘分析和应用智能决策技术,不仅可以发现各种健康的危险因素和相关性,并可进行个体化预测,而且基于相关的挖掘成果可建立一套完善、周密和个性化的健康管理系统,帮助健康人群及亚健康人群建立有序、健康的生活方式,降低风险状态,远离疾病;并帮助亚健康人群能够对疾病早预防、早发现、早诊断、早治疗,提高生存率,降低致残率和病死率,提高生命的质量。

1.5.3 零售业领域

零售业是非常适合进行数据挖掘的商业领域之一,因为它包含了大量的销售记录、顾客购买记录、货物运输记录等大量的原始信息,为数据挖掘提供了丰富的资源。分类和预测技术在市场分析、供应和销售方面为商务智能提供预测分析;聚类可以在客户关系管理方面,根据顾客的相似性把顾客进行分组以便进行更多的后续分析。数据挖掘在商业上的应用主要在以下几个方面:第一,帮助设计和构造数据仓库,由于商业领域中信息范围太大,数据库的设计也存在许多方式,我们可以使用数据挖掘演练结果指导数据库的设计,方便以后的使用和后续分析处理。第二,对顾客需求、产品销售、趋势等构造复杂的数据立方体,提供多维分析和可视化工具。

1.5.4 制造业领域

我国已经成为世界上第一制造大国,制造业是我国国民经济的支柱产业之一。我国政府在2015年5月发布了《中国制造2025》,将制造业推向高速发展行列,其中数字化、网络化、智能化是主攻方向,统计分析和数据挖掘在制造业方面具有独特优势。在机器零件故障诊断方面,基于支持向量机、决策树、神经网络等算法提高故障诊断的准确率。在资源优化方面,利用线性回归分析方法,可对设备的测试参数和性能之间的关系进行分析,进而大大节省了测试时间。在生产工艺过程中,通过聚类算法、回归预测方法实现对设备状态的检测和预测。在车间调度方面,利用决策树和神经网络模型,根据噪声信息和预测规则的性能,可确定生产数据的合适的调度规则。

1.6　开源数据集

"巧妇难为无米之炊",数据分析首先要有数据,开源的数据集一方面可以验证自己的算法,另一方面可以在同一数据集上与其他算法进行比较。不少开源的工具和框架都会含有默认的数据集,例如 Python 语言的 Scikit-learn 中包含有 Iris、Digits 数据集,除此之外,数据分析相关人员常用的开源数据集还有很多,例如 UCI 数据集、Kaggle 竞赛数据集、MINIST 数据集以及各统计局网站提供的数据集。

(1)UCI 数据集(下载网址:http://archive.ics.uci.edu/ml/)。UCI 数据集中包括了众多用于监督式和非监督式学习的数据集,数量大概 400 多个,且在持续增长,其中很多数据集在其他众多数据挖掘和分析工具中被反复引用,例如 Iris、Wine、Adult、Car 等。每个数据集中都有关于数据实例数、数据产生领域、值域分布、特征数量、数据产生时间、模型方向、是否有缺失值等详细数据介绍,可用于分类、回归、聚类、时间序列、推荐系统等。

(2)中国国家统计局(http://www.stats.gov.cn/)。它提供了大量的公共政府数据集。

(3)Kaggle 竞赛数据集(https://www.kaggle.com/datasets)。Kaggle 本身是为开发商和数据科学家提供举办机器学习竞赛、托管数据库、编写和分享代码的平台。各种机器学习竞赛中用到的数据集则可以在该平台上下载。数据覆盖分类、回归、排名、推荐系统以及图像分析等领域,部分数据集是收费的。

(4)MINIST(http://yann.lecun.com/exdb/mnist/)。MNIST 数据集是机器学习领域内用于手写字识别的数据集,数据集中包含 60 000 个示例训练集、10 000 个示例测试集。每个样本图像的大小为 28×28 像素。这些数据集的大小已经归一化,并且形成固定大小,因此预处理工作基本已经完成。该数据集作为入门级别的应用。

习　　题

1.1　什么是数据挖掘?
1.2　数据仓库和数据有何区别?有什么相似之处?
1.3　挖掘少量数据与挖掘海量数据相比,后者面临的主要挑战是什么?
1.4　举出 2~3 个统计分析和数据挖掘的应用案例。

参 考 文 献

[1] HAN J W,KAMBER M,PEI J.数据挖掘概念与技术:第 3 版[M].范明,孟小峰,译.北京:机械工业出版社,2018.

[2] 贾俊平.统计学基础[M].3版.北京:中国人民大学出版社,2018.
[3] 贾俊平,何晓群,金勇进.统计学[M].7版.北京:中国人民大学出版社,2019.
[4] 葛东旭.数据挖掘原理与应用[M].北京:机械工业出版社,2020.
[5] 赵凯,仁庆道尔吉.数据挖掘在商业领域的应用[J].信息与电脑,2015(23):46-47.
[6] 吴雪峰,马路.数据挖掘技术及在制造业的应用[J].计算机应用与软件,2017,34(10):71-77.

第 2 章　数据描述性统计分析

统计分析所用的方法可分为描述性统计分析方法和推断统计分析方法。其中,描述性统计分析是调查统计分析的第一个步骤,主要是对所收集的数据进行初步的整理和归纳,得出反映客观现象的各种数量特征的一种分析方法,可实现对已有数据集的一个整体情况的描述。它包括数据的集中趋势分析、数据离散程度分析、数据的分布形状分析、数据的可视化分析等。描述性统计分析是数据分析的基本步骤,也是统计推断的基础。本章重点介绍数据的类型、集中趋势度量、离散程度度量、偏态峰态以及数据的可视化分析。

2.1　数据类型

统计数据是对现象进行观测或实验的结果。比如,对经济活动总量进行测量可得到国内生产总值(GDP)数据,对股票价格变动水平进行测量可以得到股票价格指数的数据,对某城市月收入进行测量可以得到该市平均收入数据,对消费者购物满意度进行测量可以得到"满意""不满意"这样的数据,等等。由于使用的测量尺度不同,统计数据可以分为不同的类型。下面从不同角度说明统计数据的分类。

2.1.1　数值数据和类别数据

根据统计所采用的不同计量尺度,可以将统计数据分为数值数据和类别数据。

(1)数值数据(metric data):用数字所衡量表述的数据。

数值数据的取值为数字。例如"学生成绩""月收入""销售额""投掷一枚骰子出现的点数"等,取值都可用数字来表示,它们都属于数值数据。在现实中,我们所处理的大多数数据都是数值数据。

数值数据根据其取值的不同,进一步分为离散数据(discrete data)和连续数据(continuous data)。

离散数据只能取有限个值,且取值可以一一列举,如"投掷一枚硬币10次,正面朝上的次数""全国各省的城市个数""一个社区的居民户数"等都是离散数据。

连续数据是可以在一个或多个区间中取任何值,它的取值是连续不断的,不能一一列举,如"月收入""销售额""汽车的速度""心率"等都是连续数据。

(2)类别数据(categorical data):只能归于某一类别的非数字型数据,也称为分类数据、定性数据、枚举、因子。

类别数据是对事物进行分类的结果,数据表现为类别,大部分情况都是用文字来表述的。比如,学员的专业、上市公司所属的行业、用户对商品满意度的评价等,它们得到的结果不是数字,而是事物的属性。例如,学员的专业有"计算机应用""通信工程""土木工程""生物工程"等,上市公司所属的行业为"教育业""制造业""医疗业"等;用户对商品满意度的评价为"很满意""满意""一般""不满意""很不满意",这些都是类别数据。此外,将某店铺销售额分为5万元以下、5万~10万元、10万元~15万元、15万~20万元、20万元以上5档,这里"销售额"的取值不是普通的数值,而是数值区间,这实际上是将数值转化成了类别,因此也属于类别数据。还有一种特殊的类别数据是二项分类,这种类别数据是二进制分类的一种特殊情况,即只有0/1或者说真/假两个值。

类别数据根据取值是否有序,通常可以分为无序类别数据和有序类别数据两种。无序类别数据的各个取值是不能排序的。例如性别男、女,药物反应阴性、阳性等,上市公司所属的行业这一变量取值为"教育业""制造业""医疗业"等,这些取值或属性之间无程度和顺序的差别。有序类别数据也称为顺序(ordinal)数据,这类数据取值之间是可以排序的。例如用户对商品满意度的评价这一变量的取值为"很满意""满意""一般""不满意""很不满意",这5个值是可以按照一定顺序进行排列的。

同样,我们对于有序类别数据也可以用数字代码来表示,这在调查问卷当中比较常见。比如:1表示"很不满意",2表示"不满意",3表示"一般",4表示"满意",5表示"很满意"。

2.1.2 观测数据和实验数据

根据统计数据时收集方法的不同,可以将数据分为观测数据和实验数据。

(1)观测数据(observational data):通过直接调查或测量而收集到的数据。

观测数据是在没有对事物进行人为控制的条件下得到的。比如,某时间段某路口的车流量,某省份某年新生人口数量,等等。有关社会经济现象的统计数据几乎都是观测数据。

(2)实验数据(experimental data):通过实验中控制实验对象以及所处的实验环境收集到的数据。

例如,对一种新疫苗是否有效进行实验所收集的数据,对一种新农作物品种是否优良实验产生的数据,等等。自然科学领域的大多数数据都是实验数据。

2.1.3 截面数据、时间序列数据和面板数据

根据统计数据被描述的现象与时间的关系,可以将数据分为截面数据、时间序列数据和面板数据。

(1)截面数据(cross-sectional data)是指在相同或近似相同的时间点上收集的数据。截面数据所描述的是现象在某一时刻的变化情况,它通常是在不同的空间上获得的数据。比如,2020年年底我国各地区的国内生产总值数据、工业普查数据、人口普查数据、家庭收入调查数据等,这些都是截面数据。

(2)时间序列数据(time series data)是按照时间顺序收集到的,用于描述某一事物、现象随时间而变化的情况。例如,2010年至2020年我国的国内生产总值数据就是时间序列数据。

(3)面板数据(panel data)也叫"平行数据",是指在时间序列上取多个截面,在这些截面

上同时选取样本观测值所构成的样本数据。面板数据从横截面看,是由若干个体在某一时点构成的截面观测值,从纵剖面看每个个体都是一个时间序列。

例如,有一组 2010—2020 年国内 15 个省份的农林牧渔业总产值数据,固定在某一年份上,它是由 15 个农林牧渔业总产值数字组成的截面数据;固定在某一省份上,它是由 11 年农林牧渔业总产值数据组成的时间序列数据。该面板数据由 15 个个体组成,共有 15×11=165 个观测值。

图 2-1 为所统计数据分类的框图。

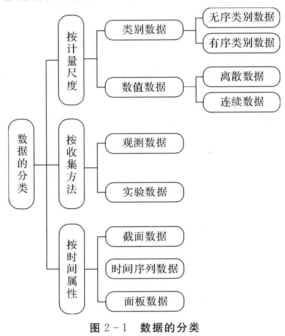

图 2-1 数据的分类

在统计分析过程中,区分数据的类型是很重要的。因为对不同类型的数据,需要采用不同的统计方法来处理和分析。例如,对于无序类别数据,我们通常计算出各组的频数或频率,计算其众数和异众比率,进行列联表分析和卡方检验等;对于有序类别数据,我们可以计算其中位数和四分位差;对于数值数据,我们可以用更多的统计方法进行分析,例如参数估计、假设检验、相关分析、回归分析等。

2.2 集中趋势的度量

数据的集中趋势是指数据集中数据向某一中心值靠拢的倾向,它反映了一组数据中心点的位置所在。对于集中趋势的描述,就是要寻找变量分布的中心值或代表值,以反映某变量数值的一般水平。对于绝大多数统计变量来说,接近中心值的变量值居多,远离中心值的变量值较少,变量分布呈现出向中心值靠拢或聚集的态势,这种态势就是变量分布的集中趋势。

统计平均数就是用来反映总体的一般水平和集中趋势的指标。统计平均数可以分为静态平均数和动态平均数两种,如图 2-2 所示。静态平均数是根据分布数列计算而得到的一种平均数,它主要是从静态上说明总体各单位变量的一般水平,本节所述的集中趋势指标就是静态平均数。

动态平均数则是根据时间序列计算而得到的一种平均数,它主要是从时间变化的动态上说明一段时期内现象发展的一般水平,具体可见第 8 章时间序列分析和预测部分。

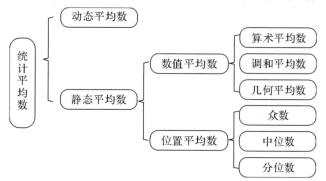

图 2-2 集中趋势度量指标

由图 2-2 可以看出,静态平均数根据其处理的方法不同又可以分为两种:一种是数值平均数,主要包括算术平均数、调和平均数和几何平均数 3 种;另一种是位置平均数,主要包括众数、中位数和分位数。

2.2.1 数值平均数

1. 算术平均数

算术平均数(arithnetic mean)也称为均值,是变量的所有取值的总和除以变量值总个数的结果。算术平均数是描述集中趋势最为常用的一种平均数,用 $\bar{x}$ 表示。

在变量所有取值的总和与变量值总个数已知时,可直接计算出算术平均数。

【**例 2-1**】 假设 2021 年我国农民工收入总额约为 64 241 亿元,农民工人数为 12 079 万人,计算 2021 年我国农民工年平均工资。

解:根据题意,2021 年我国农民工年平均工资为

$$\bar{x} = \frac{6\ 424\ 100\ 000\ 000}{120\ 790\ 000} = 53\ 184\ \text{元}$$

根据掌握资料的不同,算术平均数可以分为简单算术平均数和加权算术平均数。

(1)简单算术平均数。简单算术平均数(simple arithmetical average)主要用于未分组的数据计算平均数。假设 $x_i(i=1,2,3,\cdots,n)$ 代表一组数据,其简单算术平均数计算公式为

$$\bar{x} = \frac{x_1 + x_2 + \cdots + x_n}{n} = \frac{\sum_{i=1}^{n} x_i}{n} \tag{2-1}$$

(2)加权算术平均数。加权算术平均数(weighted arithmetical average)主要用于处理分组数据,假设原始数据被分为 k 组,各组的组中值为 $X_1, X_2, X_3, \cdots, X_k$,各组的频数为 $f_1, f_2, f_3, \cdots, f_k$,加权算术平均数的计算公式为

$$\bar{x} = \frac{X_1 f_1 + X_2 f_2 + \cdots + X_k f_k}{f_1 + f_2 + \cdots + f_k} = \frac{\sum_{i=1}^{k} X_i f_i}{\sum_{i=1}^{k} f_i} \qquad (2-2)$$

【例 2-2】 某大学欲招聘计算机科学与技术专业教员,对甲和乙两名候选人进行了面试和笔试,他们的成绩如表 2-1 所示。

表 2-1 甲和乙候选人成绩

候选人	测试成绩(百分制)	
	面试	笔试
甲	86	90
乙	92	83

(1)如果该大学认为面试和笔试同等重要,通过对表 2-1 所示数据计算甲和乙两人的平均数,谁将被录用?

解:$\bar{x}_\text{甲} = \frac{86+90}{2} = 88, \bar{x}_\text{乙} = \frac{92+83}{2} = 87.5$,由于 $\bar{x}_\text{甲} > \bar{x}_\text{乙}$,所以甲将被录用。

(2)如果该大学认为面试比笔试更重要,面试和笔试的权重分别为 6 和 4,通过对表 2-1 所示数据计算甲和乙两人的平均数,谁将被录用?

解:$\bar{x}_\text{甲} = \frac{86 \times 6 + 90 \times 4}{6+4} = 87.6, \bar{x}_\text{乙} = \frac{92 \times 6 + 83 \times 4}{6+4} = 88.4$,由于 $\bar{x}_\text{甲} < \bar{x}_\text{乙}$,所以乙将被录用。

【例 2-3】 某学员队随机抽取了 30 名学生的英语课程考试成绩统计如表 2-2 所示。

表 2-2 某学员队 30 名学生的英语课程考试成绩

英语课程考试成绩					
70	65	56	85	74	96
92	66	66	68	60	75
71	80	99	87	86	78
77	77	89	88	99	69
86	73	91	75	80	72

(1)计算 30 名学生的英语课程考试成绩,见表 2-3。

表 2-3 某学员队 30 名学生的英语考试成绩分组数据

英语成绩分组	人 数
90~100	5
80~<90	8
70~<80	9
60~<70	7
<60	1
合 计	30

(2) 将表 2-2 所示的数据分组整理,具体如表 2-3 所示,计算该 30 名学生的加权算术平均数。

解:(1) 根据公式(2-1)所示,有

$$\bar{x} = \frac{70+65+56+\cdots+72}{30} = 78$$

(2) 首先计算各分组的组中值,然后根据公式(2-2)计算加权算术平均数,具体如表 2-4 所示。

表 2-4　30 名学生英语成绩的加权算术平均数计算表

英语成绩分组	组中值(X_i)	人数(f_i)	$X_i f_i$
90~100	95	5	475
80~<90	85	8	680
70~<80	75	9	684
60~<70	65	7	455
<60	55	1	55
合　计	—	30	2 349

表中,组中值指分组上限值与下限值的算术平均数,或者是分组上限值减去组距的一半。例如"60~70"的组中值为(60+70)/2=65,或者是 70-10/2=65。对于开口分组,例如"<60"分组,通常取相邻组的组距作为开口分组的组距,所以"<60"分组的组中值为 60-10/2=55。

数据分组时,要求"不重不漏",即每项数据有且仅在一个分组中出现,不可以多次出现,也不可以遗漏。

根据公式(2-2),得

$$\bar{x} = \frac{\sum_{i=1}^{k} X_i f_i}{\sum_{i=1}^{k} f_i} = \frac{2\ 349}{30} = 78.3$$

对于同一组数据,可以采用不同的方法计算平均数,具体根据收集的数据特点进行选择,当收集的是原始数据时建议采用算术平均数,当收集的是分组数据时可以采用加权平均数。另一方面,由上述计算结果可以看出,对于同一组数据两次计算的平均数不相等,分别是 78 和 78.3,这是由于基于分组数据计算平均数时,有个隐含条件是各分组近似均匀分布。

2. 调和平均数

调和平均数(harmonic mean)又称倒数平均数,是总体各变量倒数的算术平均数,记为 H。一般在计算过程中,分为简单调和平均数和加权调和平均数。

简单调和平均数适应于未分组的资料计算调和平均数。其计算公式为

$$H = \frac{n}{\frac{1}{x_1} + \frac{1}{x_2} + \cdots + \frac{1}{x_n}} = \frac{n}{\sum_{i=1}^{n} \frac{1}{x_i}} \qquad (2-3)$$

式中，x_i 代表各变量，n 代表变量的项数。

【例 2-4】 某菜市场青菜的早市价格为 2.2 元/斤，午市价格为 1.8 元/斤，晚市价格为 1.6 元/斤，如果早、中、午各买 1 元钱的青菜，计算青菜平均每斤的价格。

解： 根据公式（2-3），得

$$H = \frac{3}{\frac{1}{2.2}+\frac{1}{1.8}+\frac{1}{1.6}} = \frac{3}{1.64} = 1.83 \text{ 元}$$

加权调和平均数适用于已分组的数据。当掌握各组的变量水平和各组的变量总数，而不知道各组的总体单位数时，应采用加权调和平均数的方法计算调和平均数。其计算公式为

$$H = \frac{m_1+m_2+\cdots+m_n}{\frac{m_1}{x_1}+\frac{m_2}{x_2}+\cdots+\frac{m_n}{x_n}} = \frac{\sum_{i=1}^{n} m_i}{\sum_{i=1}^{n} \frac{m_i}{x_i}} \tag{2-4}$$

式中，m_i 代表各组变量总数，x_i 代表各个变量水平。

【例 2-5】 某菜市场青菜的早市价格为 2.2 元/斤，午市价格为 1.8 元/斤，晚市价格为 1.6 元/斤，如果早晨买 20 元，中午买 16 元，晚上买 12 元，计算青菜平均每斤的价格。

解： 根据公式（2-4），得

$$H = \frac{20+16+12}{\frac{20}{2.2}+\frac{16}{1.8}+\frac{12}{1.6}} = \frac{48}{25.48} = 1.88 \text{ 元}$$

3. 几何平均数

几何平均数（geometric mean）是 n 个变量的连乘积的 n 次方根，用 G 表示。其计算公式为

$$G = \sqrt[n]{x_1 \times x_2 \times \cdots \times x_n} = \sqrt[n]{\prod_{i=1}^{n} x_i} \tag{2-5}$$

几何平均数适用于计算比率数据，它主要用于计算平均比率。当所掌握的变量值本身是比率形式时，计算几何平均数更为合理。实际应用中，几何平均数主要用于计算现象的平均增长率。

【例 2-6】 某基金 2018—2021 连续 4 年的收益率如表 2-5 所示。

表 2-5 某基金连续 4 年收益率

年 份	收益率/(%)
2018	3.18
2019	13.56
2020	4.04
2021	4.77

解： 该基金 2018—2021 年平均收益率为

$$G = (\sqrt[4]{1.031\ 8 \times 1.135\ 6 \times 1.040\ 4 \times 1.047\ 7} - 1) \times 100\% = 6.31\%$$

2.2.2 位置平均数

1. 众数

众数(mode)是一组数据中出现次数最多的变量,用 M_o 表示。用众数来测度类别数据、顺序数据、数值数据的集中趋势。一般情况下,只有在数据量较大的情况下众数才有意义。

众数是一个位置代表值,它不受数据中极端值的影响。从分布角度看,众数是具有明显集中趋势点的数值,一组数据分布的最高峰点所对应的数值即为众数,如图 2-3(a) 所示。当然,如果数据的分布没有明显的集中趋势或最高峰点,众数可能不存在,如图 2-3(b) 所示。如果数据的分布有两个或多个最高峰点,则可以有两个或多个众数,具体如图 2-3(c) 所示。

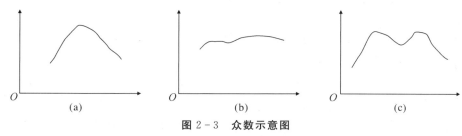

图 2-3 众数示意图

【例 2-7】 对下面 4 组数据计算其众数。
(1) 7,6,8,5,9
(2) 7,6,8,5,9,7,9,2,9
(3) 7,6,8,6,9,7,9,6,9
(4) 2022,6,8,6,9,7,9,6,9,0.01

解:
(1) 没有众数
(2) 众数为 9
(3) 众数为 6 和 9
(4) 众数为 6 和 9

2. 中位数

中位数(median)是指将一组数据按照大小顺序排列后,处于中间位置的那个数据,用 M_e 表示。中位数将全部数据分为相等的两部分,一部分的数据小于中位数,另一部分的数据大于中位数。用这样一个中等水平的数值来表现数据的集中趋势,显然也具有非常直观的代表性。中位数主要用于测度顺序数据的集中趋势,当然也适用于测度数值型数据的集中趋势,但不适用于类别数据。

对未分组数据计算中位数时,首先要对数据进行排序,然后确定中位数的位置,最后确定中位数的具体数值。中位数位置计算公式为

$$中位数位置 = \frac{n+1}{2} \qquad (2-6)$$

式中，n 为变量的个数。

也就是说，若一组数据按大小顺序排序后为 $x_1, x_2, \cdots, x_n$，则中位数为

$$M_e = \begin{cases} x_{(\frac{n+1}{2})}, & n \text{ 为奇数} \\ \dfrac{1}{2}\{x_{(\frac{n}{2})} + x_{(\frac{n}{2}+1)}\}, & n \text{ 为偶数} \end{cases} \tag{2-7}$$

3. 分位数

中位数作为变量数列中处于中等水平的代表值，因此中位数也称为"1/2 分位数"或"二分位数"。类似地，还可以定义其他的分位数，如四分位数(quartile)、十分位数(decile)和百分位数(percentile)等。

一般地，将一组数据等分为 k 个部分的数值称为"k 分位数"。由此可知，这样的 k 分位数共有 $k-1$ 个，即有 3 个四分位数，9 个十分位数，99 个百分位数。确定各种分位数，目的在于进一步把握变量值的分布范围和内部结构。与中位数和众数一样，这些分位数也反映了总体分布的位置特征。本小节仅介绍四分位数。

四分位数(quartile)也称四分位点，指一组数据排序后处于 25%，50% 和 75% 位置上的值，分别记为 Q_1, Q_2 和 Q_3。第一个四分位数 Q_1 叫做"1/4 四分位数"或"下四分位数"，第二个四分位数 Q_2 就是中位数；第三个四分位数也叫做"3/4 四分位数"或"上四分位数"。

四分位数位置计算公式为

$$Q_1 \text{ 的位置} = \frac{n+1}{4} \tag{2-8}$$

$$Q_3 \text{ 的位置} = \frac{3(n+1)}{4} \tag{2-9}$$

若位置计算结果是整数，则四分位数就是该位置对应的值；若是在 0.5 的位置上，则四分位数取该位置两侧值的平均数；若是在 0.25 或 0.75 的位置上，则四分位数等于该位置下侧值加上按比例分摊位置两侧数值的差值。

【**例 2-8**】 随机抽取某便利店 6 月份 15 天的销售额数据（单位：万元），分别为 0.35，0.37，1.2，0.6，0.56，0.39，0.71，0.66，1.1，0.83，0.92，1.05，0.41，0.55，1.5，计算 3 个四分位数。

解：3 个四分位数的位置分别为

$$Q_1 \text{ 的位置} = \frac{15+1}{4} = 4$$

$$Q_2 \text{ 的位置} = \frac{15+1}{2} = 8$$

$$Q_3 \text{ 的位置} = \frac{3 \times (15+1)}{4} = 12$$

该便利店某 15 天的销售额数据（单位：万元）从小到大排序后为：
0.35，0.37，0.39，0.41，0.55，0.56，0.6，0.66，0.71，0.83，0.92，1.05，1.1，1.2，1.5
第 4 个、第 8 个、第 12 个销售额分别为"1/4 四分位数"、中位数和"3/4 四分位数"。
即：$Q_1 = 0.41, Q_2 = 0.66, Q_3 = 1.05$。

2.3 离散程度的度量

数据的离散程度也称为离中趋势,是数据分布的一个重要特征,它反映的是各变量值远离其中心值的程度。数据的离散程度越大,集中趋势的测度值对该组数据的代表性就越差;离散程度越小,其代表性就越好。描述数据离散程度采用的测度值,根据数据类型的不同主要有异众比率、四分位差、方差和标准差。此外,还有极差、平均差以及测度相对离散程度的离散系数等。

2.3.1 异众比率

异众比率(variation ratio)主要适用于类别数据,是指非众数组的频数占总频数的比例,一般用 V_r 表示。计算公式如下:

$$V_r = \frac{\sum f_i - f_m}{\sum f_i} = 1 - \frac{f_m}{\sum f_i} \tag{2-10}$$

式中,$\sum f_i$ 为变量值的总频数,f_m 为众数组的频数。

【例 2-9】 统计了 50 名顾客购物情况,如表 2-6 所示,计算异众比率。

表 2-6 顾客购物类别频数分布表

序 号	购物类别	人 数	男	女
1	电器	10	7	3
2	书籍	5	2	3
3	日用品	12	4	8
4	食品	16	7	9
5	其他	7	3	4
6	总计	50	23	27

根据公式(2-10),得

$$V_r = \frac{50-16}{50} = 1 - \frac{16}{50} = 0.68 = 68\%$$

这说明在受调查的 50 名顾客中,购买除食品以外的人数占 68%,异众比率比较大。因此,若用众数组的"食品"来代表消费者购物情况的话,效果不是很好。

异众比率主要用于衡量众数对一组数据的代表程度。异众比率越大,说明非众数组的频数占总频数的比重越大,众数的代表性越差;异众比率越小,说明非众数组的频数占总频数的比重越小,众数的代表性越好。异众比率适合测度类别数据的离散程度,当然,对于顺序数据以及数值型数据也可以计算异众比率。

2.3.2 极差和四分位差

1. 极差

极差(range)又称为范围误差或全距,是一组数据的最大值与最小值之差,用 R 表示。

其计算公式为
$$R = \max(x) - \min(x) \quad (2-11)$$

【例 2-10】 某班级 35 名学生的统计分析与数据挖掘课程考试成绩如表 2-7 所示，计算这 35 名学生考试成绩的极差。

表 2-7 某班级 35 名学生统计分析与数据挖掘课程考试成绩

统计分析与数据挖掘课程考试成绩						
64	79	79	85	58	81	81
83	65	74	82	93	100	99
99	81	66	71	90	73	66
85	79	91	90	62	62	77
62	89	69	91	95	61	75

35 个成绩中 $\max(x)=100$，$\min(x)=58$，极差 $R=100-58=42$。

在统计中常用极差来刻画一组数据的离散程度，以及反映的是变量分布的变异范围和离散幅度，在总体中任何两个单位的标准值之差都不能超过极差。同时，它能体现一组数据波动的范围。极差越大，离散程度越大，反之，离散程度越小。

极差只指明了测定值的最大离散范围，而未能利用全部测量值的信息，不能细致地反映测量值彼此相符合的程度。极差是总体标准偏差的有偏估计值，当乘以校正系数时，可以作为总体标准偏差的无偏估计值。它的优点是计算简单、含义直观、运用方便。但是，它只是考察了一组数据两个极端的信息，容易受极端值影响，不能全面反映数据的差异状况。因此，极差在实际中很少单独使用。

2. 四分位差

四分位差（quartile deviation）又称为内距或四分位距，是指将一组数据按大小顺序排列，数列中 Q_3 分位数与 Q_1 分位数的差值，用 Q_d 表示，其计算公式为
$$Q_d = Q_3 - Q_1 \quad (2-12)$$

四分位差反映了中间 50% 数据的离散程度；其数值越小，说明中间的数据越集中，数值越大，说明中间的数据越分散。四分位差与极差不同，它不受极值的影响。此外，由于中位数处于数据的中间位置，因此，四分位差的大小在一定程度上也说明了中位数对一组数据的代表程度。

四分位差主要用于测度顺序数据的离散程度。当然，对于数值型数据也可以计算四分位差，但不适合于类别数据。

【例 2-11】 根据表 2-7 计算 35 名学生考试成绩的四分位差。

解：因为 $Q_3=90$，$Q_1=66$，所以四分位差为：$Q_d=90-66=24$。

2.3.3 方差和标准差

1. 方差

方差（variance）用来计算每一个变量（观察值）与总体均数之间的差异。在统计分析中，一般有总体方差 σ^2 和样本方差 S^2，它们的计算公式为

$$\sigma^2 = \frac{\sum(x-\mu)^2}{N} \qquad (2-13)$$

$$S^2 = \frac{\sum(x-\overline{X})^2}{n-1} \qquad (2-14)$$

式中,X 为变量,μ 为总体均值,$\overline{X}$ 为样本均值,N 总体数,n 为样本数。

实际工作中,总体均值难以得到时,应用样本统计量代替总体参数,即计算样本方差。

2. 标准差

标准差(standard deviation)又称为标准偏差或实验标准差,是方差的算术平方根,用 σ(总体标准差)和 S(样本标准差)表示。其计算公式为

$$\sigma = \sqrt{\frac{\sum(x-\mu)^2}{N}} \qquad (2-15)$$

$$S = \sqrt{\frac{\sum(x-\overline{X})^2}{n-1}} \qquad (2-16)$$

标准差能反映一个数据集的离散程度,平均数相同的两组数据,标准差未必相同。一个较大的标准差,代表大部分数值和其平均值之间差异较大;一个较小的标准差,代表这些数值较接近平均值。

例如,两组数据集{0,2,9,13}和{4,5,7,8},它们的平均值都是6,但第二个集合具有较小的标准差。

2.4 偏态和峰态

要全面了解数据分布的特点,还需要知道数据分布的形状是否对称,偏斜的程度以及分布的扁平程度等。偏态和峰态就是对分布形状的测度。

2.4.1 偏态

偏态也称偏度,是由统计学家皮尔逊(K. Pearson)于1895年首次提出的。它是对数据分布对称性的测度。测度偏态的统计量是偏态系数,用 SK 表示。其计算公式为

$$SK = \frac{n\sum_{i=1}^{n}(x_i - \bar{x})^3}{(n-1)(n-2)S^3} \qquad (2-17)$$

式中,s^3 是样本标准差的三次方。

如果一组数据的分布是对称的,则偏态系数等于0;如果偏态系数不等于0,表示分布是非对称的。若偏态系数大于1或小于-1,称为高度偏态分布;若偏态系数在 0.5~1 或 -1~-0.5 之间,则认为是中等偏态分布;偏态系数越接近0,偏斜程度就越小。

对于分组数据,偏态系数计算公式为

$$SK = \frac{\sum_{i=1}^{k}(M_i - \bar{x})^3 f_i}{nS^3} \qquad (2-18)$$

当偏态系数 SK<0 时,表示左偏分布,如图 2-4(a)所示。
当偏态系数 SK>0 时,表示右偏分布,如图 2-4(b)所示。

图 2-4 左偏分布和右偏分布

(a)SK<0 左偏分布;(b)SK>0 右偏分布

【例 2-12】 某区域新款饮料销售量及相关数据如表 2-8 所示,已知该样本标准差 S 为 21.58,试计算该饮料销售量的偏态系数。

表 2-8 某款饮料销售量偏态及峰度计算表

按销售量份组/箱	组中值(M_i)	频数(f_i)	$(M_i-\bar{x})^3 f_i$	$(M_i-\bar{x})^4 f_i$
140~150	145	4	−256 000	10 240 000
150~160	155	9	−243 000	7 290 000
160~170	165	16	−128 000	2 560 000
170~180	175	27	−27 000	270 000
180~190	185	20	0	0
190~200	195	17	17 000	170 000
200~210	205	10	80 000	1 600 000
210~220	215	8	216 000	6 480 000
220~230	225	4	256 000	10 240 000
230~240	235	5	625 000	31 250 000
合计	—	120	540 000	70 100 000

解: 根据式(2-18),得

计算 $SK = \dfrac{\sum_{i=1}^{k}(M_i-\bar{x})^3 f_i}{nS^3} = \dfrac{\sum_{i=1}^{10}(M_i-185)^3 f_i}{120 \times 21.58^3} = \dfrac{540\ 000}{120 \times 21.58^3} = 0.448$

偏态系数为正值,但与 0 的差异不大,说明饮料销售量为轻微右偏分布,即销售量较少的天数占据多数,而销售量较多的天数则占少数。

2.4.2 峰态

峰态也称峰度,是由统计学家皮尔逊于 1905 年首次提出的。它是对数据分布扁平程度的测度。测度峰态的统计量是峰态系数,用 K 表示。对于未分组数据计算峰态系数时,其计算公式为

$$K = \frac{n(n+1)\{\sum_{i=1}^{n}(x_i-\bar{x})^4 - 3(n-1)[\sum_{i=1}^{n}(x_i-\bar{x})^2]\}}{(n-1)(n-2)(n-3)S^4} \quad (2-19)$$

峰态通常是与标准正态分布相比较而言的。若一组数据服从标准正态分布,则峰态系

数的值等于0;若峰态系数的值明显不等于0,则表明分布比正态分布更平或更尖;通常称为平峰分布或尖峰分布,如图2-5所示。

图2-5 尖峰分布和平峰分布示意图

当$K>0$时,为尖峰分布,数据分布的峰值比标准正态分布高,数据相对集中。
当$K<0$时,为平峰分布,数据分布的峰值比标准正态分布低,数据相对分散。
对于分组数据,峰态系数计算公式为

$$K=\frac{\sum_{i=1}^{k}(M_i-\bar{x})^4 f_i}{nS^4}-3 \tag{2-20}$$

式中,S^4是样本标准差的四次方。

【例2-13】 假设表2-8中数据的样本标准差S为21.58,计算饮料销售数据的峰度系数。

解:根据公式(2-20),得

$$K=\frac{\sum_{i=1}^{k}(M_i-\bar{x})^4 f_i}{nS^4}-3=\frac{70\ 100\ 000}{120\times 21.58^4}-3=2.694-3=-0.306$$

峰态系数为负值,但与0的差异不大,说明饮料销售量为轻微扁平分布。

2.5 数据的可视化分析

可视化分析是数据分析的重要方法,数据可视化分析旨在利用计算机自动化分析能力的同时,充分挖掘人对于可视化信息的认知能力优势,将人、机的各自强项进行有机融合,借助人机交互式分析方法和交互技术,辅助人们更为直观和高效地洞悉数据背后的信息、知识与智慧。

通过图形展现数据,帮助用户快速、准确理解信息。准确、快速是可视化的关键。借助于图形化手段,清晰有效地传达与沟通信息同时对数据进行交互分析。由于人类大脑在记忆能力上的限制,所以我们利用视觉获取的信息量多于感官,在大数据与互联网时代,各机构从传统的流程式管理方式过渡到基于数据的管理方式将会成为必然的趋势,数据可视化分析能够帮助人们对数据有更全面的认识。

2.5.1 常用统计图形

最基础的数据可视化方法之一就是统计图。一个好的统计图应该满足四个标准:准确、有效、简洁、美观。接下来分别介绍几类常用的统计图,主要包括适用于分类数据的条形图、帕累托图、饼图、环形图,以及适用于数据型数据的直方图、雷达图、气泡图、时间序列图、茎叶图。

1. 条形图

条形图(bar chart)是用宽度相同的条形的长短(或高低)来表示数据多少的图形。条形可以横置也可以纵置,纵置时也称为柱形图。条形图是图形资料中最常用的图形,不仅能够显示每组中的具体数据,而且还易于比较数据之间的差别,主要用来描述量的大小情况及其动态变化趋势。条形图有简单条形图和复式条形图等形式,如图 2-6 所示。

图 2-6(a)是对表 2-6 中顾客购物类别绘制的条形图,可以清晰地看出购买食品的顾客数量最多;图 2-6(b)是对顾客购物类别和顾客性别绘制的复式条形图,通过对比分析,购买电器的顾客群体中,男性顾客占比较高,而购买食品和日用品的顾客中,女性顾客较多。

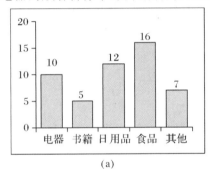
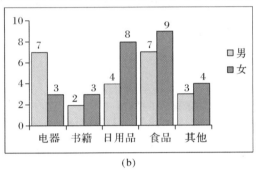

图 2-6 简单条形图和复式条形图示意图
(a)顾客购物类别;(b)购物类别和顾客性别的复式条形图

还有一类特殊的条形图是堆积条形图,可以显示单个项目与整体之间的关系。表 2-6 数据绘制堆积条形图如图 2-7 所示。从图 2-7 中可以看出,购买各类商品的顾客群体中,男女顾客的占比。

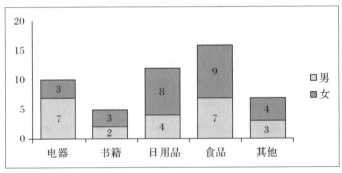

图 2-7 堆积条形图示意图

2. 帕累托图

帕累托图(pareto chart)是按各类别数据出现的频数由高至低排序后绘制的直方图,同时在次坐标上绘制累积百分比,是以意大利经济学家 V. Pareto 的名字而命名的。帕累托图也是"二八原则"的图形化体现,即 80% 的问题仅来源于 20% 的主要原因,以有限的人力和时间来有效地解决问题。

【例 2-14】 表 2-9 表示某工厂某种零件一个月之内制造过程中出错的 7 种情况数量,绘制帕累托图,如图 2-8 所示。

表 2-9　零件出错原因

出错原因	毛刺	磕碰	缺边	开裂	划伤	起皱	其他
数量	48	39	31	26	15	6	2
百分比	28.7%	23.4%	18.6%	15.6%	8.9%	3.6%	1.2%
累计百分比	28.7%	52.1%	70.7%	86.3%	95.2%	98.8%	100%

解: 零件出错原因的帕累托图如图 2-8 所示。

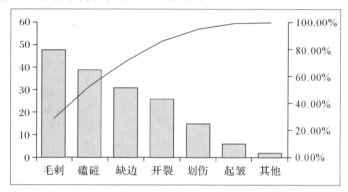

图 2-8　零件出错原因的帕累托图

通过绘制帕累托图,可以得出结论,工厂在生产零件时,毛刺、磕碰、缺边、开裂这四种出错原因占比超过 80%,在生产过程中要重点降低以上四种情况,可有效提高生产效率。

3. 饼图

饼图(pie chart)是用圆形及圆内扇形的角度来表示数值大小的图形,主要用于表示部分与总体的关系,即一个样本(或总体)中各组成部分占全部数据的比例,饼图对于研究结构性问题十分有用。

对表 2-6 消费者购物类别的人数分布绘制饼图如图 2-9 所示。通过绘制饼图,可以看出购买食品的人数最多,而购买书籍的人数最少,反映出购买纸质图书的客户群体较少。

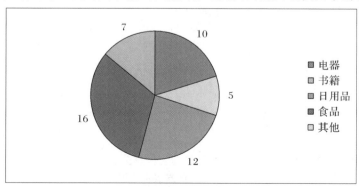

图 2-9　饼图示意图

4. 环形图

环形图是由两个及两个以上大小不一的饼图叠在一起，挖去中间的部分所构成的图形。

饼图是用圆形及圆内扇形的角度来表示数值大小的图形，它主要用于表示一个样本（或总体）中各组成部分的数据占全部数据的比例，对于研究结构性问题十分有用。环形图与饼图类似，但又有区别。环形图中间有一个"空洞"，每个样本用一个环来表示，样本中的每一部分数据用环中的一段表示。因此环形图可显示多个样本各部分所占的相应比例，从而有利于构成的比较研究。

对表2-6中男女消费者购物类别进行对比，绘制环形图如图2-10所示。图2-10中可以清晰地观察到，购买每种商品的男性顾客和女性顾客数量差别。

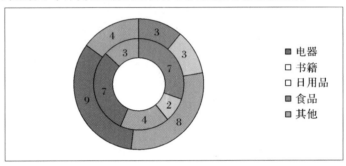

图2-10 环形图示意图

5. 直方图

直方图（histogram）是用于展示分组数据分布的一种图形，它是用矩形的宽度和高度（即面积）来表示频数分布的。相较于条形图横轴上的数据是孤立的，直方图横轴上的数据是连续排列的。直方图主要用于展示数值型数据，条形图则主要用于展示分类数据。直方图比较容易直接看到数据的分布形状、离散程度和位置状况。

对表2-8中饮料销售情况绘制直方图，如图2-11所示。右边的尾巴比左边的尾巴长一些，即该区域饮料的销售量呈现一些右偏分布的特点。

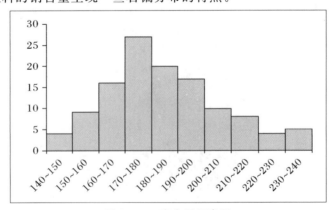

图2-11 直方图示意图

6. 箱线图

箱线图(box plot)是一种用作显示一组数据分散情况资料的统计图,因形状如盒子而得名。箱线图在其他领域经常被使用,如品质管理、数据分析中的异常值检测等。箱线图能够分析多个属性数据的离散度差异性,能显示出一组数据的最大值、最小值、中位数、下四分位数和上四分位数。箱线图的一般形式如图 2-12 所示。

图 2-12 简单箱线图

绘制箱线图时:

上边缘,$Q_3+1.5Q_d$(其中 $Q_d=Q_3-Q_1$),若最大值小于 $Q_3+1.5Q_d$,则上边缘取最大值;

上四分位数,Q_3,即 75% 位数;

中位数,Q_2,即 50% 位数;

下四分位数,Q_1,即 25% 位数;

下边缘:$Q_1-1.5Q_d$,若最小值大于 $Q_1-1.5Q_d$,则下边缘取最小值;

异常值:大于上边缘,小于下边缘的值

通过箱线图的形状,可以看出数据分布的特征。若中位数在箱子靠近上四分位数的位置,说明数据是左偏分布;若中位数在箱子靠近下四分位数的位置,说明数据是右偏分布。对于多组数据,可以将各组数据的箱线图并列起来,有利于对各组数据的分布特征进行比较。

【例 2-15】 表 2-10 是 11 名学生 8 门课程的期末考试成绩,绘制学生成绩的箱线图如图 2-13。

表 2-10 学生期末考试成绩

课程名称	学生1	学生2	学生3	学生4	学生5	学生6	学生7	学生8	学生9	学生10	学生11
高等数学	62	89	86	76	90	83	71	64	81	76	93
线性代数	79	72	91	95	95	91	78	73	55	65	77
大学英语	80	68	83	73	89	79	66	87	78	75	76
数据结构	83	57	77	69	93	90	69	80	70	74	84
统计学	90	74	76	81	85	84	84	82	76	68	66
大学物理	60	71	90	70	80	92	65	58	69	70	78
统计分析与数据挖掘	87	79	70	72	87	91	73	79	71	43	81
运筹学	56	66	82	67	85	85	55	60	77	90	72

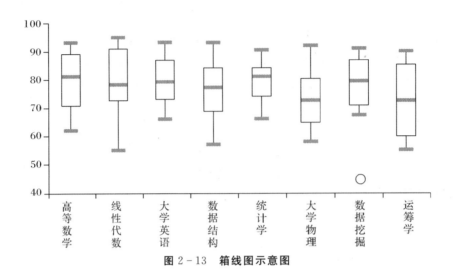

图 2-13 箱线图示意图

对于如图 2-13 所示的八门课程考核成绩箱线图：①看箱子中位线的高低，中位线的高低位置反应各课程的平均成绩的高低，从图 2-13 中可以看出平均成绩最高的是统计学（中位数最高），平均数最低的是大学物理；②看箱子的长短，箱子的越短表明数据越集中，反之越离散。一方面，从图 2-13 中可以看出，统计学、大学物理、数据结构的考试成绩比较集中（箱子较短），而线性代数和运筹学的考试成绩比较分散（箱子较长）。另一方面，图 2-13 中，用"○"标出数据挖掘中学生 10 的成绩最低，为离群点。

如果关心每个学生的考试成绩的分布，可以把每个学生作为所关心的变量，也可绘制箱线图。

7. 散点图

散点图（scatter diagram）是用二维坐标展示两个变量之间关系的一种图形。坐标横轴代表变量 x，纵轴代表变量 y，每组数据 (x_i, y_i) 在坐标系中用一个点表示，n 组数据对应形成 n 个散点，由坐标及散点形成的二维数据图称为散点图。

【例 2-16】 某产品在区域 A、区域 B、区域 C、区域 D 四个地区销售数据如表 2-11 所示。绘制对应散点图如图 2-14 所示。

表 2-11 某产品在 4 个区域销售数据

区域	任务完成率/(%)	利润率/(%)	总收益/万元
区域 A	30	50	700
区域 B	80	30	500
区域 C	70	60	450
区域 D	50	40	400

第 2 章 数据描述性统计分析

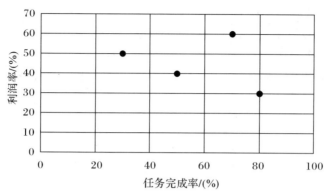

图 2-14 任务完成率与利润率的散点图

从图 2-14 中可以看出，一方面样本数据点数较少，另一方面利润完成率和利润率之间的关系不密切，没有明显的线性关系。

8. 气泡图

气泡图(bubble chart)与我们常见的散点图类似，它用于展示 3 个变量之间的关系。绘制时将一个变量放在横轴，另一个变量放在纵轴，第三个变量则用气泡的大小来表示。

【例 2-17】 某产品在区域 A、区域 B、区域 C、区域 D 四个地区销售数据见表 2-11，绘制对应气泡图如图 2-15 所示。

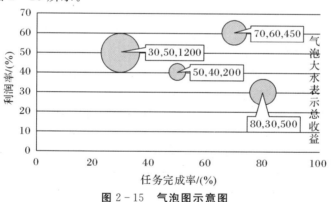

图 2-15 气泡图示意图

通过对绘制的气泡图分析，可以发现区域 A 虽然任务完成率最少，但总收益却最高，也就是说在销售任务分配时，区域 A 的任务分配量过高，使得虽然总收益高，但任务完成率很低，影响了该区域的综合评比结果。

9. 雷达图

雷达图(radar chart)又称蜘蛛图、星图，是以从同一点开始的轴上表示的 3 个或更多个定量变量的二维图表的形式显示多变量数据的图形方法。利用雷达图可以研究多个样本之间的相似程度。

设有 n 组样本 $S_1, S_2, \cdots, S_n$，每个样本测得 P 个变量 $X_1, X_2, \cdots, X_P$。绘制这 P 个变量的雷达图时，先画一个圆并将其 P 等分，得到 P 个点，令这 P 个点分别对应 P 个变量，再将

这 P 个点与圆心连线,得到 P 个辐射状的半径,这 P 个半径分别作为 P 个变量的坐标轴,每个变量值的大小由半径上的点到圆心的距离表示,再将同一样本的值在 P 个坐标上的点连线,此时,n 个样本形成的 n 个多边形就是一张雷达图。

【例 2-18】 对表 2-10 中学生 1~学生 3 的 8 门课程考试成绩绘制雷达图,如图 2-16 所示。

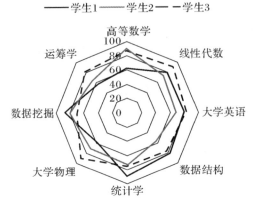

图 2-16 三名学生各科考试成绩雷达图

从图 2-16 中可以看出,对于这三名学生的 8 门考试成绩分布情况。例如,可以看出学生 2 和学生 3 高等数学成绩较高,学生 1 考试成绩较低;学生 1 的数据挖掘成绩略优于其他两个同学;等等。

10. 时间序列数据:折线图

折线图(line plot)反映了现象随时间变化的特征。如果数值型数据是在不同时间取得的,即时间序列数据,则可以绘制折线图。

【例 2-19】 以下绘制了陕西省 2021 年 2 月—2022 年 6 月,固定资产投资和房地产开发投资折线图,如图 2-17 所示。

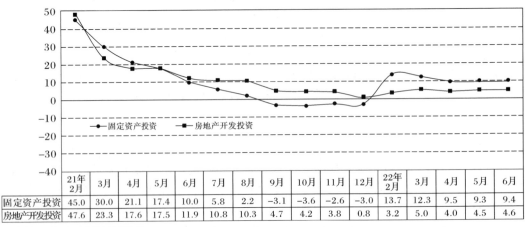

资料来源:陕西省统计局网站

图 2-17 陕西省固定资产投资及房地产开发投资累计增速折线图

从图 2-17 可以看出,固定资产投资和房地产开发投资逐渐降低,且在 2022 年 2 月后小幅上升后趋于平缓。

11. 茎叶图

茎叶图(stem-and-leaf display)是反映原始数据分布的图形。茎叶图由茎和叶组成,其图形是由数字组成的。通过茎叶图可以直接看出数据的分布形状及数据的离散状况,例如数据分布是否对称、数据是否集中、数据是否有离群点等。

绘制茎叶图的关键是设计好树茎。制作茎叶图时,首先把一个数字看成两个部分,通常数据的高位数值作为树茎,叶子只保留该数值的最后一个数字。例如 325 分成 32|5,32 分成 3|2,1.28 分成 12|8(单位:0.01)。前面部分是树茎,后面部分是树叶,树茎确定好之后,树叶就可以自然地在相应的树茎上生长了。

【例 2-20】 假设篮球比赛,张三和李四的得分情况如下:

张三:13,24,25,31,31,36,36,37,38,39,41,42,70

李四:7,12,15,17,23,26,28,32,37,39,51

绘制的茎叶图如图 2-18 所示。

张三		李四
个(叶)	十(茎)	个(叶)
	0	7
3	1	2, 5, 7
4, 5	2	6, 8, 7
9, 8, 7, 6, 6, 1, 1	3	2, 7, 9
2, 1	4	
	5	1
	6	
0	7	

图 2-18 茎叶图

由图 2-18 可以看出,张三的得分成绩比较集中,主要集中在三十多,李四的得分成绩则比较分散,十几分,二十几分,三十几分都有。从图 2-18 中还可以找到得分的中位数,例如张三有 13 个得分值,则中位数位于第七位的 36。茎叶图直观的给出了原始数据的分布状况,而且图 2-18 中保留了原始数据的信息,可以看出原始数据的数值。茎叶图类似于横置的直方图,但与直方图相比,茎叶图保留原始数据信息,适合小批量数据;直方图不能保留原始数据信息,适合大批量数据。

2.5.2 正确使用可视化图形

合适的图形能够帮助我们从大量的数据中提取出信息,并把它们转化成直观而有趣的形式,揭示出数据分布的一般特征,是最为简单也最常用的一类统计分析工具。图形的最大优势就是直观、形象,能够有助于理解数据,为了避免造成错误的认知,绘制图形时应注意以下事项:

(1)正确理解不同统计图的用途,合理选择图形类型。
(2)真实展示数据特征,合理安排图形结构。
(3)遵循图形制作规范。

习 题

2.1 简述什么是中位数?有什么特点?试举例说明其应用。

2.2 简述什么是众数?有什么特点?试举例说明其应用。

2.3 简述算术平均数、中位数和众数三者的数量关系及其对应的分布特征。

2.4 简述离散指标有哪些?有什么作用?

2.5 对比条形图和直方图的区别。

2.6 类别数据可以绘制哪些图形?

2.7 数值数据可以绘制哪些图形?

2.8 成年组共 200 人,身高分组资料如表 2-12 所示:

表 2-12 成年组身高数据

按身高分组/cm	人数/人
150~155	22
155~160	8
160~165	95
165~170	43
170 以上	32
合计	200

要求:

(1)计算成年组身高的平均数,标准差和离散系数(结果保留 2 位小数)。

(2)分别绘制饼图和条形图。

2.9 表 2-13 是我国货运量过去 10 个月的数据,绘制时间序列折线图

表 2-13 我国货运量过去 10 个月的数据　　　　　单位：万吨

月　份	货运量	月　份	货运量
1	406 968	6	432 862
2	413 952	7	450 223
3	412 434	8	458 113
4	430 991	9	456 678
5	447 793	10	441 390

参 考 文 献

[1] 贾俊平,何晓群,金勇进.统计学[M].7版.北京:中国人民大学出版社,2019.

[2] 韩兆洲,杨林涛.极差、平均差和标准差之间测度关系研究[J].统计与信息论坛,2008,23(4):5-8.

[3] 冯国双.白话统计[M].北京:电子工业出版社,2018.

第3章 数据预处理

古代兵法有云"兵马未动,粮草先行",对于数据挖掘而言,数据就是所谓的"粮草",其质量的优劣直接决定着整个数据挖掘项目的成败。目前比较成熟的数据分析算法,其处理的数据集合都要求数据具有完整性好、数据冗余少、属性之间的相关性小等条件才能保证分析的质量。然而实际的原始数据因受人为疏忽、设备异常或抽样方法等因素,通常会出现数据错误、数据缺失、不一致、重复或矛盾等情况,如果直接对这样的原始数据进行分析,将很难得到高质量的数据分析结果。另外海量的实际数据中无意义的成分较多,将对数据分析算法的执行效率产生较大影响。

通常在获取了原始数据之后,需要对原始数据进行相应的预处理,本章分别从数据清洗、数据集成、数据规约和数据变换四个方面介绍数据预处理的相关理论和方法。

3.1 数据清洗

数据清洗主要针对数据数值上的各种异常情况的处理,是检测和去除数据集中的冗余数据,处理遗漏数据,去除空白数据。也就是清除多余、重复数据,补全缺失数据,纠正删除错误数据,最后整理成为符合标准的数据,提供给数据分析、数据挖掘等使用。

根据数值异常情况的不同,数据清理常见的处理方法包括:缺失值处理、离群和噪声值处理等。

3.1.1 缺失值

原始数据中存在缺失数据是比较常见的现象,缺失值为遗漏或错误的数据,产生的原因主要包括人为或计算机数据输入的错误,也有可能是搜集数据的设备出了问题,转换文件时出了问题,造成数据遗失。对于缺失值问题必须在数据分析前进行清洗,以此降低对后续数据分析结果的影响。

缺失数据处理的流程为:①了解缺失数据在整体样本中的比例;②分析清楚缺失的可能原因;③结合原始数据和缺失数据的特点,决定可采用的方法。

常用的缺失数据处理方法如下。

(1)直接删除。即将存在缺失信息的记录删除,得到一个完整的数据集。此方法虽简单方便,但有很大的局限性。它以减少数据量来换取信息的完备,由于很多问卷都可能存在缺失值,有可能会造成大量对数据分析有用信息的丢失。当有缺失值的记录个数占全部记录数的比重较低且有缺失的记录内部缺失的值的个数较多时,或有缺失值的属性个数占全部属性数的比重较低且有缺失值的属性内部缺失的值个数较多时,通常采用直接删除法。

(2) 人工填写。该方法针对特别小的数据集较为有效。但是当数据量比较大时,则工作量大,该方法不可行。

(3) 使用全局常量填充缺失值。即将每个缺失的属性值都使用一个事先确定好的常量(如"OK"或"Not sure"或"∞")来替换。尽管此方法比较简单,但是很容易干扰分析结果,并不推荐它。例如空缺值都用"OK"替换,挖掘程序可能误以为它们形成了一个有趣的模式。

(4) 使用属性的中心度量(如均值或中位数)填充缺失值。中心趋势度量值是指用计算属性中心趋势的中位数或均值等。此方法应用较广,对于数值属性通常用均值替换,标称属性通常用众数替换,序值属性通常用中位数替换。

(5) 使用与给定元组属于同一类的所有样本的属性均值或中位数。例如,在分类挖掘中,使用与给定样本属于同一类的其他样本的平均值来填充空缺值。

(6) 使用最可能的特征值来替换空缺值。可用回归、贝叶斯形式化方法的工具或判定树归纳确定最有可能的值。例如每个样本给定 3 个特征 A、B、C,那么可以根据三个值全都作为一个训练集的样本,生成一个特征之间的关系模型,一旦有了训练好的模型,就可提出一个包含丢失值的新样本,并产生预测值。此方法是用已有的数据来预测缺失值,因此得出的填充值可信度更高,即此方法有较高的准确性,也是使用较广的一种方法。

3.1.2 噪声数据

噪声数据是指测量变量时产生的随机错误或偏差。引起噪声数据的原因主要包括:数据收集工具的问题、数据输入错误、数据传输错误、技术限制、命名规则的不一致等。噪声数据可能会影响数据分析的结果。对于给定一个数值属性,要想使其变成"光滑"数据或去掉噪声,常用的处理方法有以下几种。

1. 分箱法

分箱法通过考察相邻数据来确定最终值,即光滑数据的值,是一种简单常用的预处理方法。这里的"箱子",实际上就是按照属性值划分的子区间。用"箱的深度"来表示不同的箱子包含数据的个数,用"箱的宽度"来表示每个箱值的取值区间。若一个属性值在某个子区间范围内,就把该值放进这个子区间所代表的"箱子"内。因为分箱法考虑相邻的值,该方法属于一种局部平滑方法。在采用分箱法时,需要确定的两个主要问题是:如何分箱以及如何对每个箱子中的数据进行平滑处理。常用的分箱法如下。

(1) 等宽分箱法。将变量的取值范围分为 m 个等宽的区间,那么每个区间就可看作一个分箱。

(2) 等频分箱法。将观测值按照从小到大的顺序排列,根据观测的个数等分为 n 部分,那么每部分就可看作一个分箱。

(3) 基于 k 均值聚类的分箱法。该方法将观测值聚为 k 类,但在聚类过程中要求保证分箱的有序性,即第一个分箱中所有观测值都要小于第二个分箱中的观测值,第二个分箱中所有观测值都要小于第三个分箱中的观测值,等等。

采用上述方法中的一种将数据分箱之后,即解决了如何分箱的问题,接下来就是要解决如何对每个箱子中的数据进行平滑处理的问题。常使用的数据平滑方法有箱均值平滑、箱边界平滑和箱中位数平滑等。

(1)箱均值平滑:即平均值平滑,同一分箱中的所有数据用平均值代替。

(2)箱边界平滑:即边界值平滑,用距离最小的边界值代替箱子中的所有数据。

(3)箱中位数平滑:即中值平滑,用中位数代替该箱子中的所有数据。

一般来说,箱的区间范围越大,平滑效果越好。

【例3-1】 假设有一组数据(分):7,9,30,23,10,15,24,5,28。

从小到大排序后的数据为:5,7,9,10,15,23,24,28,30。

用等频分箱将该组值分为3箱:

箱1:5,7,9

箱2:10,15,23

箱3:24,28,30

对于箱1,其平均值为7,采用箱均值光滑。箱1中的所有值替换为7,即箱1:7,7,7。

对于箱2,其中位数为15,用箱中位数光滑。箱2中的所有值替换为15,即箱2:15,15,15。

对于箱3,箱中的最大值和最小值分别为30和24,采用箱边界光滑。箱中每一个值都被最近的边界值替换,即箱3:24,30,30。

2. 聚类

通过聚类可以发现异常数据。聚类是将物理的或抽象对象的集合,分组为由类似的对象组成的多个类的过程。聚类的结果可生成一组由数据对象组成的集合,同一集合中的所有对象具有相似性。相似或相邻近的数据聚合在一起形成了各聚类集合,而位于聚类集合之外的数据,则被认为是异常数据(孤立点),有时称为噪声点。噪声点可能是由于缺失值、错误值等造成的,影响模型效果的点;但孤立点不一定是噪声点,可能就是用户关心的一些异常现象。目前孤立点检测(见图3-1)在电信和信用卡的诈骗检测、贷款审批、电子商务、网络入侵、天气预报等领域应用较为广泛。

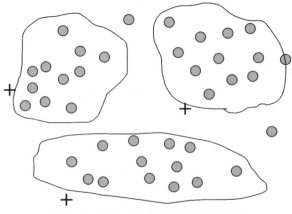

图3-1 孤立点可以被聚类分析检测

第 3 章 数据预处理

3. 回归

用一个函数拟合数据来光滑数据,该技术称为回归,利用回归分析方法获得的拟合函数,能够帮助数据平滑并除去其中的噪声,包括线性回归和非线性回归。

(1)若回归分析中,只包括一个自变量和一个因变量,且二者的关系可用一条直线近似表示,这种回归分析称为一元线性回归分析。若回归分析中包括两个或两个以上的自变量,且因变量和自变量之间是线性关系,则称为多元线性回归分析。

(2)多元回归是线性回归的扩展,有两个或两个以上自变量。

3.2 数 据 集 成

数据挖掘所使用的数据一般来自于多个数据存储,往往需要把多个数据存储合并起来放在一个一致的数据存储(如数据仓库)中,该过程称为数据集成,如图 3-2 所示。但是每一个数据源都是为满足特定的需要而设计的,且在各类数据库管理系统中数据编码、数据模式、数据格式等方面都存在很大的不同,因此在进行集成时,需要解决以下几个问题。

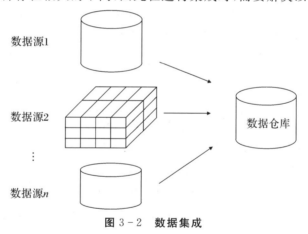

图 3-2 数据集成

3.2.1 实体识别问题

当进行数据分析的数据集来自不同数据源时,会出现许多不同类型的数据异常情况,即数据的不一致性,主要体现为数据对象名称与同类型其他数据对象名称不相符、数据对象的特征与其他同类对象不相符以及数据对象特征的取值范围不一致等,这些都属于实体识别问题。

【例 3-2】 有两个数据库 1 和数据库 2,如表 3-1 和表 3-2 所示,实体识别后的结果如表 3-3 所示。

表 3-1 数据库 1

序号	姓名	体重
1	郭某美	55
2	王某明	46

表 3-2 数据库 2

序号	姓名	体重
1	glm	110
2	wxm	92

表 3-3 实体识别后结果

序号	姓名	体重1	体重2
1	郭某美	55	110
2	王某明	46	92

由上述表格可以看出,数据库1中的郭利美和数据库2中的glm指的是同一实体,王小明和wxm是同一实体,那么可在数据集成的时候用郭利美和王小明表示这两个不同的实体,完成对数据的集成。

3.2.2 冗余问题

冗余是数据集成中可能遇到的另一个重要难题,是指存在重复的信息。属性的冗余易造成数据量过大、数据分析时间过长、结果不稳定的问题,因此如何判别冗余属性也是数据集成中的一个重要步骤。最明显的冗余是数据里存在两个或多个重复的记录,或是同一个属性多次出现,或某个属性和其他属性具有明显的相关性,对于此类冗余较容易被发现,可采用直接删除处理。但是有些冗余具有隐蔽性,不易被发现,例如一个属性可以从其他属性中推演出来,该属性也是冗余的。

对于数值属性的冗余问题,通常会采用相关性分析手段来检测。例如给定两个属性,采用相关性判别方法度量一个属性能在多大程度上蕴含或依赖另一个属性,这样就很容易鉴别出哪个是冗余属性。属性 A 和 B 之间相关性的计算公式为

$$r_{A,B} = \frac{\sum (A-\overline{A})(B-\overline{B})}{(n-1)\sigma_A \sigma_B} \tag{3-1}$$

式中,n 为元组个数;σ_A 和 σ_B 分别为属性 A 和 B 的标准差。如果公式(3-1)的值大于0,则 A 和 B 是正相关的,也就是说 A 的值随 B 的值增加而增加,且该值越大,表明 A、B 正相关的关系越紧密。那么当值较大时,表示 A 或 B 可看作冗余信息,则可以删除其中一个。若结果值等于0,则表示 A 和 B 是独立的,两者之间没有关系。若结果值小于0,则 A 和 B 是

第3章 数据预处理

负相关的,一个值随另一个值减少而增加,则表示每一个属性都阻止另一个属性出现。还可以通过计算协方差、欧几里得距离、曼哈顿距离、闵可夫斯基距离等方法来分析属性的相关性。

对于类别型属性的冗余问题,可使用卡方检验进行相关性分析来进行检测,公式为

$$\chi^2 = \sum_{i=1}^{r}\sum_{j=1}^{c}\frac{(f_{ij}^o - f_{ij}^e)^2}{f_{ij}^e} \tag{3-2}$$

式中,f_{ij}^o 表示各交叉分类频数的实际观测值,f_{ij}^e 表示各交叉分类频数的期望值。χ^2 的值越大,意味着两个变量相关的可能性越大。

对于数值型属性和类别型属性的相关性,可使用方差分析的方法进行分析。相关性分析内容将在第7章进行详细介绍。

3.2.3 数据值冲突问题

对于同一实体,不同数据源的属性值可能不一致,可能是由于表示的差异、比例尺度或编码不同造成的。例如,长度属性可能在一个系统中以公制单位存储,而在另一个系统中以英制单位存储;价格属性在不同地点所采用的货币单位不同。

【例3-3】 有两个数据库1和数据库2,数据值冲突检测示例如表3-4、表3-5和表3-6所示。

表 3-4 数据库 1

序号	姓名	体重
1	郭某美	55
2	王某明	46

表 3-5 数据库 2

序号	姓名	体重
1	glm	110
2	wxm	92

表 3-6 数据集成

序号	姓名	体重
1	郭某美	55
2	王某明	46

数据库1中的郭某美和数据库2中的glm指的是同一实体,王某明和wxm是同一实体,产生冲突的原因是采用不同的体重单位。

3.3 数据规约

有时获取的数据集比较庞大,在这样的数据集进行复杂的数据分析计算成本高。这时若能得到这个数据集的一个简化版本,但同时又不会影响数据分析的结果,将会方便我们进行数据分析。数据规约技术有助于得到简化的数据集,该数据集比原数据集小得多,但是仍能相对地保持数据的完整性,那么在其上进行数据分析产生与在原数据集上进行分析几乎相同的结果。

数据规约的前提是对数据本身的深刻理解,在此基础上,明确具体需要的是哪些数据集,怎样的数据,从而精简数据,减轻处理负担,以达到方便数据处理的目的。要求用于数据规约的时间不应当超过或"抵消"在规约后的数据上挖掘节省的时间。常用的数据规约技术包括维规约、数值规约。其中,维规约,即移除不重要的属性;数值规约,即使用模型来表示数据。下面逐一进行详细介绍。

3.3.1 维规约

数据集可能包含较多的属性,但很多属性与挖掘任务不相关,属于冗余属性。例如,分析学生的成绩时,学生的电话号码、地址等属性与任务不相关。在高维向量空间中,随着维度的增加,数据呈现出越来越稀疏的分布特点,这增加了很多数据挖掘算法的复杂度,从数据挖掘实践中可以得出,高维数据的挖掘分析,会导致准确率降低,质量下降,这种现象被称为"维灾难"。维规约是通过减少或删除不相关的属性(或维),以减少数据集量,从而提高数据挖掘的速度和质量。其方法主要包括主成分分析法、属性子集选择法和聚类分析法。

1. 主成分分析法

假设现有数据挖掘课程期末考试成绩单,属性变量分别是对数据挖掘的兴趣程度、复习时间和考试成绩。显然要考好数据挖掘,需要有浓厚的兴趣和大量的复习时间,所以第3列分别于与第1列和第2列强相关。是否可以将第1列和第2列进行合并? 再例如,当对一个样本特征比较多而样本个数特别少的数据集进行分析,容易产生过度拟合问题。此时需要一种特征降维的方法来减少特征数,降低属性冗余,以达到减少过度拟合的可能性的目的。

主成分分析法(Principal Components Analysis,PCA),是一种经典的降维方法。其基本思想是挖掘多个属性之间的相关关系,设法将原来众多的具有一定相关性的属性(n个属性)重新组合成k个($k \leqslant n$)无关的综合属性,进而代替原来的属性。在数学上,通常通过对原来的n个属性进行线性组合,作为新的综合属性。k个综合属性称k个为主成分。

2. 属性子集选择法

属性子集选择,也叫特征选择。其目标是找出最小属性集,使得数据类的概率分布尽可能地接近原属性集的概率分布。通过选择与分析主题或者与数据挖掘任务相关的属性,删除与分析主题或者与数据挖掘任务不相关的属性,减少数据量。在子集选择时,需要选择最佳子集,该子集包含的维度最少,但对正确率的贡献最大。

通常,使用基于贪心策略的启发式算法进行属性子集的选择,具体包括逐步向前选择法、逐步向后删除法、向前选择和向后删除结合法、基于决策树的归纳法。

(1)逐步向前选择法。思路是从空属性集开始,每次从原来属性集合中选择一个当前最优的属性并添加到当前属性子集中,直到无法选择出最优属性或满足一定阈值为止。

(2)逐步向后删除法。思路是从一个全属性集开始,每次从当前属性集中选择一个当前最差的属性并将其从当前属性集中消去,直到无法选择出最差的属性为止或满足一定阈值为止。

(3)逐步向前选择和逐步向后删除组合法。上述2种方法可以结合在一起,选择一个最好的属性的同时,在剩余属性中删除一个最坏的属性。

(4)基于决策树的归纳法。决策树算法最初是用于分类的。这里基于决策树的归纳法通过构造决策树,去掉不出现在树中的属性,而将所有出现在树中的属性性作为规约后的属性子集。该方法构造一个类似于流程的结构,其中每个内部(非叶)节点代表一个属性上的测试,每个分枝对应于测试的一个结果,每个外部(叶)节点表示一个类预测。在每个节点上,算法选择"最好"的属性,将数据集划分成不同子集。

前三种方法的结束条件可以有多种,通常设置一个阈值来确定是否停止属性选择过程。

3. 聚类分析法

运用聚类分析法,可对属性进行聚类,待完成聚类后,可从每类中选择一个或几个代表性属性构成属性子集,以用于数据挖掘。选择类中代表性属性是通过计算每个类相关系数的平均值$\overline{R_i^2}$,取其中最大的一个或几个系数对应的属性作为这一类的代表性属性。其计算公式为

$$\overline{R_i^2} = \frac{\sum\limits_{j \neq i} r_{ij}^2}{k-1} \quad (i=1,\cdots,k; j=1,\cdots,k) \tag{3-3}$$

式中,k 为某一类中属性的个数,r_{ij}^2 为类内属性 x_i 与其他属性相关系数的平方。

3.3.2 数值规约

数值规约用替代的、较小的数据集表示形式替换原数据集,主要体现在每条记录在不同属性取值上的精简。包括参数方法和无参方法。参数方法通过一个参数模型估计数据,最后只要存储参数即可,不用存储数据(除了可能的离群点),常用方法主要包括线性回归方法、多元回归、对数线性模型。无参方法不使用模型的方法存储数据,常用方法主要包括直方图、聚类和抽样等。

1. 回归分析与对数线性模型

回归分析是确定两种或两种以上变量间相互依赖的定量关系的一种统计分析方法,应用广泛。回归分析的实质是通过规定因变量和自变量来确定变量之间的因果关系,从而建立回归模型,并根据实测数据来求解模型的各个参数,然后评价回归模型是否能够很好地拟合实测数据。

对数线性模型是一种特殊的回归模型,可描述近似离散的多维概率分布。该方法能够

根据构成数据立方的较小数据块,对其一组属性的基本单分布概率进行估计,并且可以由较低阶的数据立方体构造较高阶的数据立方体。即对于 n 维样本的数据集合,可以把每个样本看作 n 维空间中离散的点,采用对数线性模型,生成基于维组合的一个较小子集,估计多维空间中每个点的概率,从而使数据集从高维数据空间降到低维数据空间。因为较小阶的方体总共占用的空间小于基本方体占用的空间,所以对数线性还可以进行数据压缩。且与用基本方体进行估计相比,用较小阶的方体对单元进行估计选样变化小一些,所以同时具有一定的数据平滑效果。

回归和对数模型都可以用于处理稀疏数据和异常数据,其中回归模型表现最佳。但是对于高维数据而言,线性回归模型计算量较大,而对数线性模型表现性能较好,可以处理10维左右的数据集。

2. 直方图

直方图对数据进行规约操作采用的是一种类似于分箱的技术来约简数据的规模,是一种常用的简单数据规约方法。该方法是将属性按照取值范围划分为不相交的连续区间,每个区间对应一个箱子,箱子中放置该值的出现频率。若用一个箱子代表属性一个取值,则该箱子称为单值箱子。

箱子和属性值的划分规则包括等宽和等频(等深),具体描述如下。

(1) 等宽:在等宽直方图中,每个箱子宽度是一样的。

(2) 等频(等深):在等频直方图中,每个桶的频率大致为常数,即每个箱子包含的邻近数据样本个数大致相同。

对于近似稀疏和稠密数据,高倾斜和均匀的数据,直方图都是非常有效的。且直方图可以推广到多属性数据集,多维直方图能够描述属性间的依赖关系。研究表明,这种直方图对于多达 5 个属性的数据能够有效地近似表示数据。对于更高维的多维直方图的有效性需要进一步研究。对于存放具有高频率的孤立点,单桶是有用的。

3. 聚类

聚类技术也能够用于数据规约,用聚类的结果代替原始数据,实现数值规约的目的。先把数据样本看作对象,然后将对象划分为簇,使得一个簇中的对象"相似",而不同簇之间的对象"相异"。在数据规约时,一个簇中的所有原始数据样本可以用这个簇名替换。

该技术的有效性依赖于数据的性质。若原始数据集中的数据具有聚集效应,聚类技术非常有效;反之如果数据界线模糊,则方法无效。在后续章节中将对经典的聚类算法进行详细介绍。

4. 抽样

如果一个数据集包含的记录过多,可以使用概率抽样的方法从中抽取一个子集,使抽中的子集尽可能代表原数据集,通过抽样能够使得大型数据集用小得多的随机数据子集来替代。假定大的数据集 D 包含 N 个元组,常用的抽样方法主要有简单随机抽样、分层抽样、聚类抽样和系统抽样等 4 种。

(1) 简单随机抽样。简单随机抽样是按等概率的原则直接从总体随机抽取样本,且每次抽取时只抽取一个样本。该方法具有简单的优点,但是不能保证样本能完美代表总体。该方法的适用条件为所有个体都是等概率分布的,但现实情况却常常不能满足。简单随机抽样又分为无放回简单随机抽样(SRSWOR)和有放回简单随机抽样(SRSWR)。无放回简单随机抽样即由数据集 D 的 N 个元组中抽取 s 个样本($s<N$),并且每次抽取一个样本,不放回 D 中。有放回简单随机抽样过程同上,只是元组被抽取后,将被放回,可能再次被抽取。简单随机抽样适用于数据集较小的情况。

(2) 分层抽样。分层抽样是先将总体按某种特征划分为几个类别,称作层,使类内差异尽可能地小,类间差异尽可能地大,然后从每个类别中随机抽取若干样本,构成一个总的样本。该方法适用于差异明显的不同部分组成的数据集,规约后的记录包含了每个类别,其具有较好的代表性。

(3) 聚类抽样。聚类抽样是将数据集中按聚类的方法归并成若干个互不交叉、互不重复的集合,称为簇,然后以簇为抽样单位进行抽样。该方法适用于虽不存在类别标签但可以聚类的数据,且要求各簇有较好的代表性,即簇内各样本的差异要小,簇间差异要大。

(4) 系统抽样。系统抽样是将总体中所有单位(抽样单位)按照一定的顺序排列,在规定的范围内随机抽取一个单位作为初始单位,然后按照事先制定好的规则确定其他样本单位的一种抽样方法。系统抽样方法的主要优点是操作简单。

3.4 数据变换

数据变换即对数据进行规范化处理,将数据转换或统一成适合挖掘的形式,以便于后续的数据挖掘。常见的数据变换方法包括:平滑、聚集、离散化、规范化、属性构造和概念分层。

(1) 平滑:去掉数据中的噪声,将连续的数据离散化。该技术包括分箱、回归、聚类,本部分内容已在前面进行了详细介绍,就不再进行赘述。

(2) 聚集:对数据进行汇总或聚集,可用来构造数据立方体。例如,每天销售额(数据)可以进行聚集操作以获得每月或每年的总额。

(3) 离散化:数值属性(例如,年龄)的原始值用区间标签(例如,0~10,11~20 等)或概念标签(例如,年轻、中年、老年)表示。这些标签可以递归地组织成更高层概念,从而导致数值属性的概念分层。

(4) 规范化:它又称为数据标准化,将属性数据按比例缩放,使之落入一个特定的小区间内。

(5) 属性构造:它又称为特征构造,为了提高数据挖掘的精度或者使数据结构更容易理解,通过已知的属性构建出新的属性,然后放入属性集中,有助于挖掘过程。

(6) 概念分层:通过使用高层的概念(例如,青年、中年、老年)来替代底层的属性值(比如:实际的年龄数据值)来规约数据。可以将类别过多的变量通过使用概念分层的变换方法得到类别较少的变量。概念分层结构可以用树进行表示,树的每个节点代表一个概念。根据每个属性的不同值的个数产生概念分层。

【例3-4】 图 3-3 中按照服装着装者的性别可以分为男装和女装,然后接下去按照覆盖部位可以分为上装和下装。

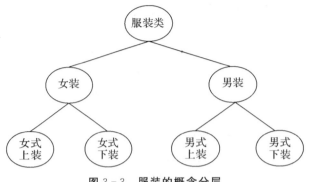

图 3-3 服装的概念分层

注意,数据预处理中的各个步骤并不能完全进行严格划分,可能存在很多重叠。本节主要对规范化、离散化进行详细介绍。

3.4.1 规范化

为了避免单位不同和取值范围不同的影响,数据应该规范化或标准化,也就是将数据按比例进行缩放,使之落入一个特定的区域,以解决因数值型属性大小不一所造成的数据挖掘结果的偏差的问题。例如对于一个顾客信息数据库中年龄或工资属性,由于工资属性的取值比年龄属性的取值要大得多,如果不进行规范化操作,基于工资属性的距离计算值将远远超过基于年龄属性的计算值,这就造成工资属性的作用在整个数据对象的距离计算中被错误放大了。因此在正式进行数据挖掘前,必须进行数据的规格化,使之落入较小的公共区间,如将工资收入属性值映射到[-1.0,1.0]或[0.0,1.0]的范围内。

数据规范化常用的方法:小数定标规范化、最小-最大规范化、零-均值规范化(z-score规范化)。

(1)小数定标规范化。通过移动属性值的小数点位置进行规范化。小数点的移动位数依赖于属性 A 的最大绝对值。其计算公式为

$$v_i' = \frac{v_i}{10^j} \tag{3-4}$$

式中,j 是使得 $\max(|v_i'|)<1$ 的最小整数。

【例 3-5】 假定 A 的取值范围[-986,917],则 A 的最大绝对值为 986,使用小数定标规范化方法,当 j 取 3 时,即用 1 000 除每个值,那么-859 被规范为-0.859。

(2)最小-最大规范化。最小-最大规范化也称为极大极小规范化,是一个线性变换过程,假定 minA 和 maxA 分别为属性 A 的最小和最大值,则通过下面公式将 A 的值 v_i 映射到区间[new_max$_A$,new_min$_A$]中的 v_i',则有

$$v_i' = \frac{v_i - \text{min}A}{\text{max}A - \text{min}A}(\text{new\_max}_A - \text{new\_min}_A) + \text{new\_min}_A \tag{3-5}$$

【例 3-6】 假定某公司员工的最大年龄为 52 岁,最小年龄为 21 岁,请将年龄 44 映射到区间[0.0,1.0]的范围内。

根据最小一最大值规范化公式,得

$$\frac{44-21}{52-21}(1.0-0)+0 \approx 0.742$$

44 岁将变换为 0.742。

(3)零—均值规范化(z - score 规范化)。零—均值规范化是根据属性的平均值和标准差进行规范化,适用于属性最大值与最小值未知,或使用最小最大规范化方法会出现异常数据的情况。每一个变量 v_i 减去相应变量值的均值,然后再除以标准差,其计算公式为

$$v_i' = \frac{v_i - \bar{A}}{\sigma_A} \qquad (3-6)$$

式中,$\bar{A}$ 为属性 A 的均值,σ_A 为标准差。

【例 3 - 7】 某公司员工的平均值和标准差分别为 25 岁和 11 岁。请根据 z - score 规范化,将 44 岁进行数据规范化。

根据 z - score 规范化公式,得

$$(44-25)/11 \approx 1.727$$

44 岁将变换为 1.727。

注意,规范化可能将原来的数据改变很多,特别是上述的后两种方法。有时有必要保留规范化参数,以便将来的数据可以用一致的方式规范化。

3.4.2 离散化

通过离散化可以有效地规约数据,提高算法执行效率和模型的可解释性。离散化是将连续型数据切分为若干"段",是数据分析中常用的手段。离散化通常是对于实数而言的,它是将无限的连续取值映射到有限的离散值中,即将连续属性的范围划分为区间,区间的标号可以代替实际的数据值,并且这些分类也规定了与连续取值相同的取值区间。常用的离散化方法有:分箱法、直方图分析法、聚类法等。

(1)分箱离散化:分箱并不使用类信息,因此是一种非监督的离散化技术,对用户制定的箱个数很敏感,也容易受离群点的影响。分箱并不使用类信息,因此是一种非监督的离散化技术。

(2)直方图分析离散化:直方图把属性的值划分为不相交的区间,可基于划分的最小区间进行离散化,也可依据属性特征合并一些区间,再基于合并后的区间离散化数据。和分箱离散化类似,直方图分析也是一种非监督的离散化技术。

(3)聚类离散化:聚类算法是将数据划分为若干类或组,即先将连续属性的值用聚类算法划分成簇,再将聚类得到的簇进行处理,可分为自顶向下的分裂或自底向上的合并策略。该方法可将每列数据单独训练找出对应的簇中心和每个实例对应的分类。类也可以合并在一起,以形成分层结构中较高的概念层。

虽然已经有很多方法进行离散化,但是目前没有任何一种方法具有普适性,因此使用时

应依据数据集的特点采用合适的方法,以便得到尽可能好的离散化。

习 题

3.1 举例说明数据集成技术。

3.2 说明数据清洗的技术方法。

3.3 说明数据变换的相关技术方法。

3.4 描述数据规约的多种操作方法。

3.5 简述在数据挖掘中对原始数据进行预处理的意义。

3.6 假设有12个销售记录,排序如下:

5,10,11,13,15,35,50,55,72,92,204,215

使用如下各方法将它们划分为3个箱子。

(1)等频(等深)划分

(2)等宽划分

(3)聚类

参 考 文 献

[1] JIAWEI HAN,MICHELINE KAMBER,JIAN PEI. 数据挖掘概念与技术[M]. 3版. 范明,孟小峰,译. 北京:机械工业出版社,2018.

[2] 王国胤,刘群,于洪,等. 大数据挖掘及应用[M]. 北京:清华大学出版社,2017.

[3] 徐雪琪. 数据挖掘方法与应用[M]. 北京:清华大学出版社,2020.

[4] 李爱国,库向阳. 数据挖掘原理、算法及应用[M]. 西安:西安电子科技大学出版社,2012.

[5] 石胜飞. 大数据分析与挖掘[M]. 北京:人民邮电出版社,2018.

[6] 丁兆云,周鋆,杜振国. 数据挖掘原理与应用[M]. 北京:机械工业出版社,2022.

[7] 贾俊平,何晓群,金勇进. 统计学[M]. 7版. 北京:中国人民大学出版社,2019.

第4章 关联分析

关联分析是数据挖掘中一项基础且重要的技术。关联分析旨在从数据背后发现事物之间可能存在的关联或联系。关联分析的典型应用之一是"啤酒与尿布"故事。故事发生在美国的一家沃尔玛连锁超市中,沃尔玛为了准确了解顾客的购买习惯,对顾客的购买行为进行了购物篮分析,购物篮数据如表4-1所示。沃尔玛利用数据挖掘方法对这些数据进行深入分析之后,得到了一个意外的发现:许多购买尿布的顾客同时购买了啤酒。并通过大量的实际调查和分析,验证并揭示了当时美国家庭的这种购买模式,即对于大部分的家庭来说,一般都是母亲留在家里照顾婴儿,父亲去超市购买尿布,而他们中多达30%~40%的人在下班购买尿布的同时顺便为自己购买了喜欢的啤酒。沃尔玛超市通过对销售数据的分析,发现了啤酒和尿布之间这种隐蔽而又合乎情理的关系,便将这两种风牛马不相及的商品摆放在一起,看起来荒谬的举措,让尿布和啤酒的销量大幅增加。

表4-1 购物篮事务

TID	Items
1	{面包,牛奶}
2	{面包,尿布,啤酒,鸡蛋}
3	{牛奶,尿布,啤酒,可乐}
4	{面包,牛奶,尿布,啤酒}
5	{面包,牛奶,尿布,可乐}

关联分析(association analysis),又称关联挖掘。是从大量事务数据中发现各个数据项之间有趣的关联和相关联系,从而对一个事务数据集中某些属性同时出现的规律和模式进行描述。

啤酒尿布购物篮问题便是关联分析中的一个典型案例。在分析过程中我们发现的频繁出现的项目可以用频繁项集(frequent itemset)表示。例如在表4-1中,{尿布,啤酒}在共5次的交易中同时出现了3次(分别是交易2,3,4),出现概率为3/5,达到了一定的标准,那么我们可以认为{尿布,啤酒}是一个频繁项集。继续分析上述例子,在购买了{尿布}的4次交易(交易2,3,4,5)中,有3次交易(交易2,3,4)同时购买了{啤酒},概率为3/4,假设也达到了一定标准。那么可以认为,购买了{尿布}的顾客很大程度上也会购买{啤酒},即两者存在一定关联。这个关联可以用{尿布}→{啤酒}表示。这种两个项集之间的关系称为关联规则(association rule)。

除了购物篮数据外,关联分析在经济、商务、生物医药等方面同样有广泛的应用。例如,在医疗领域,医学研究者希望从成千上万病例中找出患某种疾病病人的共同特征、该疾病的致病因子或关联因子,从而为判断、治愈和预防疾病提供帮助。又比如,在电子商务领域,商务网站可以根据用户的浏览记录,分析用户可能访问的页面,找到用户使用网站的规律,以此为用户推荐相关网页。

4.1 基本概念

这一节介绍关联分析中使用的基本术语,并提供该任务的形式化描述。

1. 项集(itemset)

令 $T=\{t_1,t_2,\cdots,t_d\}$ 是购物篮所有事务的集合,$I=\{i_1,i_2,\cdots,i_d\}$ 是购物篮数据中出现的所有项的集合。每个事务 t_i 包含的项集都是 I 的子集,则包含零个或多个项的集合称为项集。如果一个项集包含 k 个项,则称他为 k-项集。例如在表 4-1 所示的数据集中,{面包,牛奶}是一个 2-项集。

2. 支持度计数(support count)

支持度计数即包含特定项集的事物个数。在数学上,项集 X 的支持度计数 $\sigma(X)$ 可以表示为

$$\sigma(X)=|\{t_i|\boldsymbol{X}\subseteq t_i, t_i\in T\}| \quad (4-1)$$

式中,符号 $|\cdot|$ 表示集合中元素的个数。在表 4-1 显示的数据集中,项集{面包,牛奶}的支持度计数为 3,因为有 3 个事务同时包含这两个项。也就是说,$\sigma(\{面包,牛奶\})=3$。

3. 支持度(support)

支持度是包含某项集的事务数与总事务数的比值。用 s 表示,以衡量某项集出现的概率,有

$$s(X)=\frac{\sigma(X)}{N} \quad (4-2)$$

式中,$\sigma(X)$ 为项集 X 的支持度计数,N 为总事务数。

例如,表 4-1 所示的数据中,有:$s(\{面包,牛奶\})=3/5$。

4. 频繁项集(frequent itemset)

频繁项集是指能够满足支持度阈值(minSup)的所有项集。这里的支持度阈值是人为指定的一个数值。在表 4-1 所示的数据,假如设定支持度阈值为 50%,则{面包,牛奶}的支持度满足该阈值,可以确定为一个频繁项集。

5. 置信度(confidence)

置信度是用来衡量项集 X 出现时,项集 Y 也会同时出现的概率,定义为项集 X,Y 同时出现的支持度与项集 X 的支持度的比值,用 c 表示,有

$$c(X\to Y)=\frac{\sigma(X\cup Y)}{\sigma(X)} \quad (4-3)$$

若置信度较小,甚至为 0,则说明项集 X 出现时,项集 Y 很少会同时出现,或者不出现,即二者之间不存在必然的关联;若置信度为 100%,则说明了项集 X 出现时,项集 Y 一定出现。因此,对这种情况而言,假设 X 和 Y 是市场上的两种商品,就没有理由不进行捆绑销售了。

6. 关联规则(association rule)

关联规则是形如 X→Y 的蕴含表达式,表示项集 X 出现则项集 Y 很大程度上也会出现,其中 X 和 Y 是不相交的项集,即有 $X \cap Y = \varphi$。

在关联规则 X→Y 中,支持度 s 和置信度 c 的定义如下:

$$s(X \rightarrow Y) = \frac{\sigma(X \cup Y)}{N} \tag{4-4}$$

$$c(X \rightarrow Y) = \frac{\sigma(X \cup Y)}{\sigma(X)} \tag{4-5}$$

支持度用于描述关联规则出现的频繁程度,如果出现支持度过低的规则,那么多半是无意义的规则。例如,对顾客很少同时购买的商品进行促销将适得其反。因此,人们希望找到那些支持度大于用户定义的最小阈值的规则。

置信度用于描述关联规则出现的可靠性,对于给定的关联规则 X→Y,置信度越高,表明 Y 在包含 X 的事务中出现的可能性越大。置信度计算的是 Y 在给定 X 下的条件概率。

7. 关联规则发现

给定事务的集合 T,关联规则发现是指找出支持度大于等于 minsup 并且置信度大于等于 minconf 的所有规则,其中 minsup 和 minconf 是对应的支持度和置信度阈值。

发现关联规则的一种暴力方式是:组合出所有可能的规则,并计算它们的支持度和置信度。但是由于从数据中提取所有可能规则的数量会达到指数级,所以无论在计算时间上还是在计算空间上的花费都是巨大的。事实上,从包含 d 个项的数据集提取的可能规则总数 R 为

$$R = 3^d - 2^{d+1} + 1$$

为了有效地避免不必要的计算,可以事先对可能生成的规则进行剪枝。例如有一个 3 项集{啤酒,面包,牛奶},它可生成以下 6 条规则:

{啤酒,面包}→{牛奶},{牛奶}→{啤酒,面包}

{啤酒,牛奶}→{面包},{面包}→{啤酒,牛奶}

{面包,牛奶}→{啤酒},{啤酒}→{面包,牛奶}

根据公式(4-4),规则 X→Y 的支持度和其对应项集 $X \cup Y$ 的支持度是一样的。如果{啤酒,面包,牛奶}是非频繁的,则可以立刻剪掉这 6 条规则,不必计算它们的支持度。

因此,大部分关联规则挖掘算法将关联规则发现任务分为两个步骤。

(1)频繁项集产生。即在事务集中,生成候选项集,并筛选出满足支持度阈值的频繁项集。

(2)关联规则生成。即在频繁项集中,生成关联规则,并筛选出满足置信度阈值的强关联规则。

关联规则挖掘算法的基本过程如图 4-1 所示。

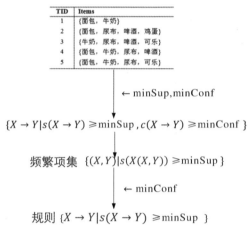

图 4-1 关联规则挖掘过程

4.2 先验原理

自 1993 年 R. Agrawal 等人提出关联规则的概念后,诸多研究人员相继对关联规则的挖掘问题进行了大量的研究,提出了许多挖掘算法。许多的关联规则挖掘算法都用到了频繁项集的先验原理。基于该原理,可以对搜索空间进行有效的剪枝。本节描述如何使用支持度度量,帮助减少频繁项集产生时需要探查的候选项集个数。使用支持度对候选项集剪枝基于如下原理。

定理 4-1 先验原理 如果一个项集是频繁的,则它的所有子集一定也是频繁的;相反,如果一个项集是非频繁的,则它的所有超集也一定是非频繁的。

先验原理基于如下观察,根据定义,如果项集 X 不满足最小支持度阈值 minsup,则 X 不是频繁的,即 $s(X) <$ minsup。如果项 A 添加到项集 X 中,则结果项集(即 $X \cup A$)不可能比 X 更频繁出现。因此 $X \cup A$ 也不是频繁的,即 $s(X \cup A) <$ minsup。

假定$\{B,C,D\}$是频繁项集,它的子集为$\{B,C\}$,$\{B,D\}$,$\{C,D\}$,$\{B\}$,$\{C\}$和$\{D\}$。这样,若$\{B,C,D\}$是频繁的,则它的所有子集一定也是频繁的。如图 4-2 所示。

相反,若项集$\{A,B\}$是非频繁的,则它的所有超集也一定是非频繁的,如图 4-3 所示,一旦发现$\{A\}$是非频繁的,则整个包含$\{A\}$超集的子图可以被立即剪枝,这种基于支持度度量修剪指数搜索空间的策略称为基于支持度的剪枝(support based pruning)。这种剪枝策略依赖于支持度度量的一个关键性质,即一个项集的支持度决不会超过它的子集的支持度。

这个性质也称支持度度量的反单调性(anti-monotone)。

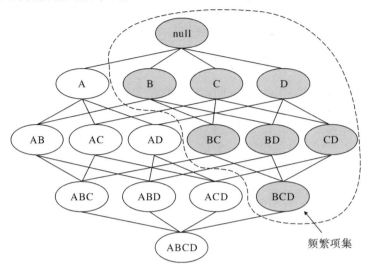

图 4-2 先验原理的图示

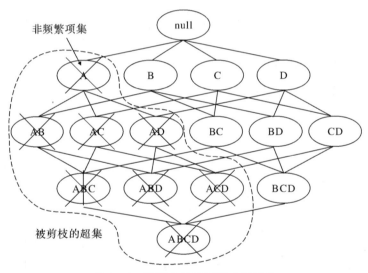

图 4-3 基于支持度的剪枝的图示

4.3 Apriori 算法

Apriori 算法是 1994 年由 R. Agrawal 等人基于项目集格空间理论提出的第一个关联规则挖掘算法。此后诸多研究人员相继对关联规则的挖掘问题进行了大量的研究,至今 Apriori 算法仍然作为关联规则挖掘的经典算法被广泛讨论和应用,已经成为一种挖掘关联规则频繁项集简单适用、最有影响的算法。

作为最经典的关联分析算法,Apriori 算法采用广度优先的搜索策略,自底向上的遍历思想,遵循首先产生候选集进而获得频繁项集的思路。该算法适合用在数据集稀疏、事务宽度较小、频繁模式较短、最小支持度较高的环境中;而对于稠密数据和长频繁模式,由于候选项集占据大量的内存,计算成本急剧增加,数据集的遍历次数加大,因而该算法的性能下降。

4.3.1 Apriori 算法的频繁项集产生

在产生频繁项集的过程中,该算法首先扫描数据集,统计数据集中交易的数量和各个不同的 1 项集出现的次数,进而根据最小支持度 min_sup 获得所有的频繁 1-项集,即 L_1,然后利用 L_1 查出找频繁 2-项集 L_2,如此继续,直到不再有新的频繁项集被找到为止。

【例 4-1】 对于表 4-2 中的原始数据,利用 Apriori 算法产生频繁项集。

表 4-2 购物篮事务数据集

TID	Items
1	{面包,牛奶,鸡蛋}
2	{面包,牛奶,尿布,啤酒,鸡蛋}
3	{牛奶,尿布,啤酒}
4	{面包,牛奶,尿布,啤酒}
5	{面包,牛奶,尿布}

假定支持度阈值是 60%,相当于最小支持度计数为 3。

首先是 1-项集,提取每项,并计数可得 1-项集和支持度计数,检出不满足支持度阈值得项,得到频繁 1-项集,如图 4-4 所示。

候选1-项集

项	计 数
{面包}	4
{牛奶}	5
{鸡蛋}	2
{尿布}	3
{啤酒}	3

{鸡蛋}的支持度不满足阈值要求,剪枝后得到频繁1-项集

频繁1-项集

项	计 数
{面包}	4
{牛奶}	5
{尿布}	3
{啤酒}	3

图 4-4 产生频繁 1-项集

然后是 2-项集,因为先验原理保证所有非频繁的 1-项集的超集都是非频繁的,所以仅使用频繁 1-项集,可以穷尽组合出如图 4-5 所示的 2-项集,去掉支持度计数小于 3 的项集,得到频繁 2-项集。

候选2-项集

项	计 数
{面包, 牛奶}	4
{面包, 尿布}	3
{面包, 啤酒}	2
{牛奶, 尿布}	4
{牛奶, 啤酒}	3
{尿布, 啤酒}	3

{面包, 啤酒}的支持度不满足阈值要求,被剪枝

频繁2-项集

项	计 数
{面包, 牛奶}	4
{面包, 尿布}	3
{牛奶, 尿布}	4
{牛奶, 啤酒}	3
{尿布, 啤酒}	3

图 4-5 产生频繁 2-项集

第4章 关联分析

进而产生 3-项集。由频繁 2-项集内的各个项({面包},{牛奶},{尿布},{啤酒}),可以组合出{面包,牛奶,尿布}、{面包,牛奶,啤酒}、{面包,尿布,啤酒}、{牛奶,尿布,啤酒}共 4 个 3-项集,由于上一步中已经验证了{面包,啤酒}的支持度是不符合支持度阈值的,根据先验原理,{面包,牛奶,啤酒}、{面包,尿布,啤酒}这两个 3-项集也应被剪枝,如图 4-6 所示。

候选3-项集

项	计 数
{面包,牛奶,尿布}	2
{面包,牛奶,啤酒}	3
{面包,尿布,啤酒}	2
{牛奶,尿布,啤酒}	3

{面包,牛奶,尿布}和{面包,尿布,啤酒}的支持度不满足阈值要求被剪枝

频繁3-项集

项	计 数
{面包,牛奶,啤酒}	3
{牛奶,尿布,啤酒}	3

图 4-6 产生频繁 3-项集

再观察 4-项集,可以看出,由{面包}、{牛奶}、{啤酒}、{尿布}这 4 项只能产生 1 个 4-项集{面包、牛奶、啤酒、尿布},并且第 2 步已计算,{面包,啤酒}是不满足支持度阈值的,所以根据先验原理,该 4-项集一定不满足支持度阈值,如图 4-7 所示。

候选4-项集

项	计 数
{面包,牛奶,啤酒,尿布}	

频繁4-项集

项	计 数

图 4-7 产生频繁 4-项集

算法 4-1 中给出了 Apriori 算法产生频繁项集部分的伪代码。令 C_k 为候选 k-项集的集合,而 L_k 为频繁 k-项集的集合。Apriori 算法的第 1 步找出频繁 1-项集的集合 L_1。在第 2-10 步,对于 $k \geq 2$,L_{k-1} 用于产生候选 C_k,以便找出 L_k。apriori_gen 过程产生候选(见算法 4-2),然后使用先验性质删除那些具有非频繁子集的候选(步骤 3)。一旦产生了所有的候选,就扫描数据集 D(步骤 4)。对于每个事务,使用 subset 函数找出该事务中候选的所有子集(步骤 5),并对每个这样的候选累加计数(步骤 6 和步骤 7)。最后,所有满足最小支持度的候选(步骤 9)形成频繁项集的集合 L(步骤 11)。

算法 4-1 Apriori 算法的频繁项集产生

1: L_1 = find_frequent_1_itemsets(D);
2: for (k=2; L_{k-1}≠?; k++){
3:     C_k = apriori_gen(L_{k-1});
4:     for each 事务 $t \in D${   //扫描 D,进行计数
5:         C_t = subset(C_k, t);   //得到 t 的子集,它们是候选
6:         for 每个候选项集 $c \in C_t$ do
7:             $\sigma(c) = \sigma(c) + 1$;
8:     }
9:     $L_k = \{c(C_k | \sigma(c) \geq minsup\}$;
10:    }
11: return $L = \bigcup_k L_k$

算法 4-2　过程 apriori_gen(L_{k-1}:频繁 $k-1$ 项集)

1：for each 项集 $l_1 \in L_{k-1}$
2：　for each 项集 $l_2 \in L_{k-1}$
3：　　if $(l_1[1]=l_2[2]) \wedge \cdots \wedge (l_1[k-2]=l_2[k-2]) \wedge (l_1[k-1]<l_2[l-2])$ then{
4：　　　$c=l_1 ? l_2$;　　　　　　　//连接步:产生候选
5：　　　if has_infrequent_subset(c,L_{k-1}) then
6：　　　　delete c;　　　　　　　//剪枝步:删除非频繁的候选
7：　　　else add c to C_k;
8：　　}
9：return C_k;

算法 4-3　过程 has_infrequent_subset(c:候选 k-项集;L_{k-1}频繁$(k-1)$-项集)

1：for each $(k-1)$ subset s of c
2：　if $s \notin L_{k-1}$ then
3：　　return TRUE;
4：return FALSE;

综上所述，apriori_gen 主要做两个动作，分别是连接和剪枝。在连接部分，L_{k-1} 与 L_{k-1} 连接产生可能的候选(步骤1~步骤4)。剪枝部分(步骤5~步骤7)使用先验定理删除具有非频繁子集的候选。非频繁子集的测试显示在算法4-3中。

4.3.2　候选的产生与剪枝

算法4-1步骤3的 apriori-gen 函数通过以下两个操作产生候选项集。

(1)候选项集的产生。该操作由前一次迭代发现的频繁$(k-1)$-项集产生新的候选项集。

(2)候选项集的剪枝。该操作采用基于支持度的剪枝策略,删除一些候选k-项集。

为了解释候选项集剪枝操作,考候选 k-项集 $X=\{i_1,i_2,\cdots,i_k\}$。算法必须确定它的所有真子集 $X-\{i_j\}(\forall j=1,2,\cdots,k)$ 是否都是频繁的,如果其中一个是非频繁的,则 X 将会被立即剪枝。这种方法能够有效地减少支持度计数过程中所考虑的银选项集的数量。对于每一个候选 k 项集,该操作的复杂度是 $O(k)$,并不需要检查给定候选项集的所有 k 个子集。如果 k 个子集中的 m 个用来产生候选项集,则在候选项集剪枝时只需要检查剩下的 $k-m$ 个子集。

1. 候选项集产生的基本要求

理论上,存在许多产生候选项集的方法。下述列出了对有效的候选项集产生过程的要求。

(1)它应当避免产生太多不必要的候选。一个候选项集是不必要的,如果它至少有一个子集是非频繁的。根据支持度的反单调属性,这样的候选项集肯定是非频繁的。

(2)它必须确保候选项集的集合是完全的,即候选项集产生过程没有遗漏任何频繁项集,为了确保完全性,候选项集的集合必须包含所有频繁项集的集合,即$\forall k: F_k \subseteq C_k$。

(3)它应该不会产生重复候选项集。例如:候选项集(a,b,c,d)可能会通过多种方法产生,如合并$\{a,b,c\}$和$\{d\}$,合并$\{b,d\}$和$\{a,c\}$,合并$\{c\}$和$\{a,b,d\}$等。候选项集的重复产生将会导致计算的浪费,因此为了效率应该避免。

2. 候选项集产生的基本方法

除了上述介绍的暴力方法外,现在简要介绍几种候选项集产生过程,其中包括 apriori-gen 函数使用的方法。

(1)$F_{k-1} \times F_1$。方法 该方法是利用频繁$(k-1)$-项集F_{k-1}频繁 1-项集F_1进行组合,来产生候选项集。具体做法就是将频繁$(k-1)$-项集F_{k-1}中的每一项集与频繁 1-项集F_1中的各项进行排列组合。这种方法将产生$O(|F_{k-1}| \times |F_1|)$个候选$k$-项集,如图4-8所示。这种方法是完全的,因为每一个频繁k-项集都是由一个频繁$(k-1)$-项集和一个频繁 1-项集组成的,如图4-8所示。

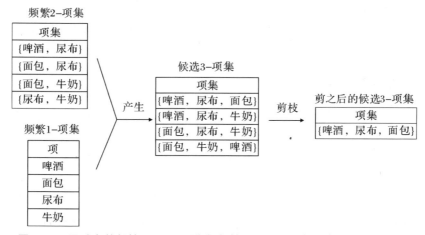

图 4-8 通过合并频繁$(k-1)$-项集与频繁 1-项集生成和剪枝候选k-项集

在这种方法所产生的候选k-项集中会出现重复的项集。例如,以例4-1中的数据为例,其中$\{$面包,尿布,牛奶$\}$可以通过合并$\{$面包,尿布$\}$和$\{$牛奶$\}$项集得到,也可以通过合并$\{$面包,牛奶$\}$和$\{$尿布$\}$项集得到,或者通过合并$\{$尿布,牛奶$\}$和$\{$面包$\}$项集得到。

(2)$F_{k-1} \times F_{k-1}$方法。该方法是利用频繁$(k-1)$-项集F_{k-1}与其自身的项集组合,来产生候选k-项集。做法是对频繁$(k-1)$-项集F_{k-1}中按照字典顺序排序后,当它们的前$k-2$项都相同时,则进行组合。令$A=\{a_1, a_2, \cdots a_{k-1}\}$和$B=\{b_1, b_2, \cdots, b_{k-1}\}$是一对频繁$(k-1)$项集,如果它们满足如下条件,合并 A 和 B,则有

$$a_i = b_i (i=1,2,\cdots,k-2) \text{ 并且 } a_{k-1} \neq b_{k-1}$$

组合后的结果为$\{a_1, a_2, \cdots a_{k-1}, b_{k-1}\}$

在图4-9中,频繁项集$\{$面包,尿布$\}$和$\{$面包,牛奶$\}$合并,形成了候选3-项集$\{$面包,尿

布,牛奶}。算法不会合并项集{啤酒,尿布}和{尿布,牛奶},因为它们的第一个项不相同。实际上,如果{啤酒,尿布,牛奶}是可行的候选,则它应当由{啤酒,尿布}和{啤酒,牛奶}合并而得到。这个例子表明了候选项产生过程的完整性和使用字典序避免重复的候选的优点。然而,由于每个候选都由一对频繁$(k-1)$-项集合并而成,因此需要附加的候选剪枝步骤来确保该候选的其余$k-2$个子集是频繁的。

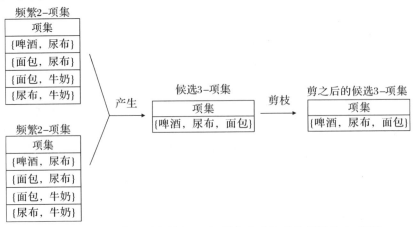

图4-9 通过合并一对频繁$(k-1)$-项集生成和剪枝出候选k-项集

4.3.3 支持度计数

产生候选项集后,需对每一候选项集计算其支持度,再与支持度阈值对比,确定出频繁项集。有许多办法可用来计算候选项集的支持度,最为直接的办法就是用事务数据对候选项集逐个统计计数,但需多次遍历事务数据库,效率较低。

使用 Hash 树进行支持度计数极大地降低了 Apriori 算法的时间和空间复杂度。该方法将候选项集划分为不同的桶,并存放在 Hash 树中。在支持度计数期间,包含在事务中的项集也散列到相应的桶中。这种方法不是将事务中的每个项集与所有的候选项集进行比较,而是将它与同一桶内候选项集进行匹配。

图 4-10 为一棵 Hash 树结构的例子。树的每个内部结点都使用 Hash 函数 $h(p)=p \bmod 3$ 来确定应当沿着当前结点的哪个分支向下。例如,项 1,4 和 7 应当散列到相同的分支(即最左分支),因为除以 3 之后它们都具有相同的余数。所有的候选项集都存放在 Hash 树的叶结点中。图 4-10 中显示的 Hash 树包含 15 个候选 3-项集,分布在 9 个叶结点中。

考虑一个事务 $t=\{1,2,3,5,6\}$。为了更新候选项集的支持度计数,必须这样遍历 Hash 树:所有包含属于事务 t 的候选 3-项集的叶结点至少访问一次。注意,包含在 t 的候选 3-项集必须以项 1,2 或 3 开始。这样,在 Hash 树的根结点,事务中的项 1,2 和 3 将分别散列。项 1 被散列到根结点的左子女,项 2 被散列到中间子女,而项 3 被散列到右子女。在树的下一层,事务根据图 4-10 中的第二层结构列出的第二项进行散列。例如,在根结点散列项 1 之后,散列事务的项 2,3 和 5。项 2 和 5 散列到中间子女,而 3 散列到右子女,如图 4-11 所示。继续该过程,直至到达 Hash 树的叶结点。存放在被访问的叶结点中的候选项集与事务进行比较,如果候选项集是该事务的子集,则增加它的支持度计数。在这个例子中,访问了 9 个叶结点中的 5 个,15 个项集中的 9 个与事务进行比较。

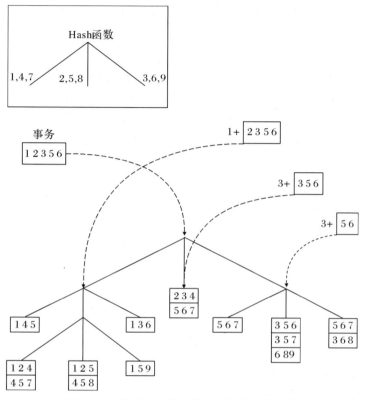

图 4-10 在 Hash 树的根结点散列一个事务

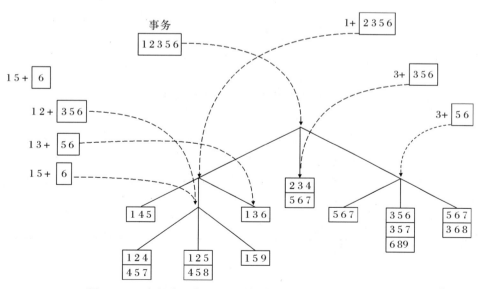

图 4-11 在候选项集 Hash 树根的最左子树上的子集操作

4.3.4 规则的产生

置信度不具备像支持度那样的反单调性。例如规则 $X \to Y$ 的置信度可能大于、小于、等于规则 $X_1 \to Y_2$ 的置信度,其中 $X_1 \subseteq X, Y_1 \subseteq Y$。但是,当比较由频繁项集 Y 产生的规则时,可以利用定理 4-2。

定理 4-2 假设 Y 是一个项集,X 是 Y 的一个子集。如果规则 $X \to Y-X$ 不满足置信度阈值,则形如 $X_1 \to Y_2-X_1$ 的规则一定也不满足置信度阈值,其中 $X_1 \subseteq X$。

Apriori 片算法使用一种逐层方法来产生关联规则,其中每层对应于规则后件中的项数。初始,提取规则后件只含一个项的所有高置信度规则,然后,使用这些规则来产生新的候选规则。例如,如果 $\{acd\} \to \{b\}$ 和 $\{abd\} \to \{c\}$ 是两个高置信度的规则,则通过合并这两个规则的后件产生候选规则 $\{ad\} \to \{bc\}$。图 4-12 为由频繁项集 $\{a,b,c,d\}$ 产生关联规则的格结构。如果格中的任意结点具有低置信度,则根据定理 4-2,可以立即剪掉该结点生成的整个子图。假设规则 $\{bcd\} \to \{a\}$ 具有低置信度,则可以丢弃后件包含 a 的所有规则,包括 $\{cd\} \to \{ab\}$,$\{bd\} \to \{ac\}$,$\{bc\} \to \{ad\}$ 和 $\{d\} \to \{abc\}$。

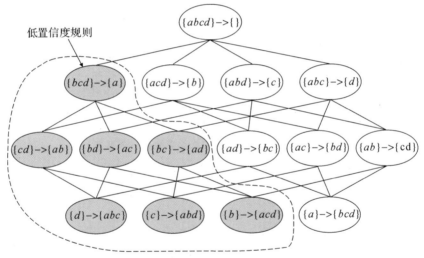

图 4-12 使用置信度度量对关联规则进行剪枝

算法 4-4 和算法 4-5 给出了关联规则产生的伪代码。注意,算法 4-5 中的 ap-genrules 过程与算法 4-1 中的频繁项集产生的过程类似。二者唯一的不同是,在规则产生时,不必再次扫描数据集来计算候选规则的置信度,而是使用在频繁项集产生时计算的支持度计数来确定每个规则的置信度。

算法 4-4 **Apriori 算法的规则产生**

1: for 每一个频繁 k-项集 $f_k, k \geq 2$ do
2:　　$H_1 = \{i | i \in f_k\}$　　//规则的候选 1-项集
3:　　call ap-genrules(f_k, H_1)
4: end for

算法 4-5 过程 ap-genrules(f_k, H_m)

1: $k = |f_k|$ //频繁项集的大小
2: $m = |H_m|$ //规则的候选 1-项集
3: if $k > m+1$ then
4:     $H_{m+1} = apriori-gen(H_m)$
5:     for 每个 $h_{m+1} \in H_{m+1}$ do
6:       $conf = \frac{\sigma(f_k)}{\sigma(f_k - h_{m+1})}$
7:       if $conf \geq minconf$ then
8:         output 规则 $(f_k - h_{m+1}) \rightarrow h_{m+1}$
9:       else
10:        从 H_{m+1} delete h_{m+1}
11:       end if
12:     end for
13:     call ap-genrules(f_k, H_{m+1})
14: end if

4.4 FP-growth 树算法

正如上一节内容所述，Apriori 算法使用候选产生一检查的方法显著降低了候选项集的规模，并提供良好的性能。然而，有两种情况制约了它性能的发挥：①对于稠密数据，Apriori 算法需产生的大量频繁项集。例如，如果有 10^4 个频繁 1 项集，则 Apriori 算法需要产生多达 10^7 个候选 2 项集。②为计算候选集合的支持度，需要频繁的扫描整个数据库。对于较大的候选集合，扫描数据库的开销很大。

有一种可以避免上述开销的方法，称为频繁模式增长（Frequent-Pattern Growth, FP-growth）。不同于 Apriori 算法的"产生-测试"模型，它采用分治策略，使用一种称作 FP 树的紧凑数据结构组织数据，并直接从树结构中提取频繁项集。下面详细说明该方法。

4.4.1 FP 树表示法

FP 树是一种输入数据的压缩表示，它通过逐个读入事务，并把每个事务映射到 FP 树中的一条路径来构造，由于不同的事务可能会有若干个相同的项，因此它们的路径可能部分重叠。路径相互重叠越多，使用 FP 树结构获得的压缩的效果越好。如果 FP 树足够小，能够存放在内存中，就可以直接从这个内存中的结构提取频繁项集，而不必重复地扫描存放在硬盘上的数据。

图 4-13 为数据集，其包含 9 个事务和 5 个项。图中还绘制了读入前 3 个事务之后 FP 树的结构。树中每一个结点都包括一个项的标记和一个计数，计数显示映射到给定路径的事务个数，初始，FP 树仅包含一个根结点，用符号 null 标记，随后，用如下方法扩充 FP 树：

(1) 扫描一次数据集,确定每个项的支持度计数。设最小支持度计数为 2,丢弃非频繁项,而将频繁项按照支持度的递减排序。对于图 4-13 中的数据集,b 是最频繁的项,接下来依次是 a,c,d 和 e。

(2) 算法第二次扫描数据集,构建 FP 树,读入第一个事务 $\{a,b,c\}$ 之后,创建标记为 a、b 和 c 的结点。然后形成 null→b→a→c 路径,对该事务编码。该路径上的所有结点的频度计数为 1。

(3) 第二个事务 $\{b,d\}$ 与第一个事务共享一个共同前级项 b,所以第三个事务的路径 null→b→d 与第一个事务的路径 null→b→a→c 部分重叠。因为它们的路径重叠,所以结点 b 的频度计数增加为 2,而新创建的结点 d 的频度计数等于 1。

(4) 读入第三个事务 $\{a,c\}$ 之后,为项 a 和 c 创建新的结点集。然后,连接结点 null→a→c,形成一条代表该事务的路径。该路径上的每个结点的频度计数也等于 1,尽管前两个事务具有共同项 a 和 c,但是它们的路径不相交,因为这两个事务没有共同的前级。

(5) 继续该过程,直到每个事务都映射到 FP 树的一条路径,如图 4-13(d)所示。

通常来说,FP 树的大小比事务数据集要小,因为数据集中的事务常含有一些相同项。在最好情况下,所有的事务都具有相同的项集,FP 树只包含一条结点路径。当每个事务都具有唯一项集时,最坏情况发生。由于事务不包含任何共同项,FP 树的大小应与原数据集的大小一样,但算上 FP 树为各项储存的指针和计数,则需要更多的储存空间。

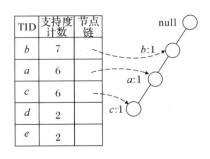

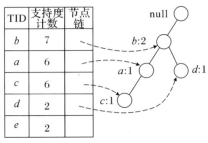

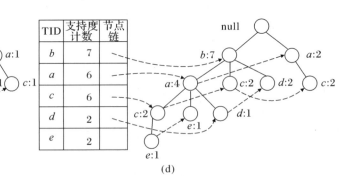

图 4-13 构造 FP 树
(a)读入 TID=1 之后;(b)读入 TID=2 之后;(c)读入 TID=3 之后;(d)读入 TID=4 之后

4.4.2 FP增长算法的频繁项集产生

使用 FP 树进行频繁模式的挖掘过程如下。由长度为 1 的频繁模式(后缀模式)开始，构造它的条件模式基(与后缀模式一起出现的前缀路径的组合)。然后，构造它的条件 FP 树，并递归地在该树上进行挖掘。模式增长通过后缀模式与条件 FP 树产生的频繁模式连接实现。

以图 4-13 中的 FP 树为例，挖掘过程总结在表 4-3 中，挖掘过程细节如下。首先考虑 e，因为它是支持度计数最少的一项。e 出现在图 4-13 的 FP 树的两个分支中。两个分支的路径分别是 $<b,a,e:1>$ 和 $<b,a,c,e:1>$。因此，以 e 为后缀的两个对应前缀路径是 $<b,a:1>$ 和 $<b,a,c:1>$，也就是 e 的条件模式基。使用这些条件模式基作为事务数据库，构造 e 的条件 FP 树只有单条路径 $<b:2,a:2>$。因为 c 的支持度计数为 1，小于最小支持度计数，所以该条件 FP 树种不包含 c。所以，该单个路径产生频繁模式的所有组合为：$\{b,e:2\}$、$\{a,e:2\}$、$\{b,a,e:2\}$。

表 4-3 通过创建条件模式基挖掘 FP 树

项	条件模式基	条件 FP 树	产生的频繁模式
e	$\{\{b,a:1\},\{b,a,c:1\}\}$	$<b:2,a:2>$	$\{b,e:2\}$、$\{a,e:2\}$、$\{b,a,e:2\}$
d	$\{\{b,a:1\},\{b:1\}\}$	$<b:2>$	$\{b,d:2\}$
c	$\{\{b,a:2\},\{b:2\},\{a:2\}\}$	$<b:4,a:2>,<a:2>$	$\{b,c:4\}$、$\{a,c:4\}$、$\{b,a,c:2\}$
a	$\{\{b:4\}\}$	$<b:4>$	$\{b,a:4\}$

对于 d，它的两个前缀形成条件模式基 $\{\{b,a:1\},\{b,a,c:1\}\}$，产生一个单节点的条件 FP 树 $<b:2>$，并导出一个频繁模式 $\{b,d:2\}$。以此类推，c 的条件模式基是 $\{\{b,a:2\},\{b:2\},\{a:2\}\}$。它的条件 FP 树有两个分支，分别为 $<b:4,a:2>$ 和 $<a:2>$，如图 4-14 所示。

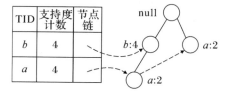

图 4-14 项 c 的条件 FP 树

它产生的频繁模式有 $\{b,c:4\}$、$\{a,c:4\}$、$\{b,a,c:2\}$。最后，a 的条件模式基是 $\{\{b:4\}\}$，它的条件 FP 树只包含一个节点 $<b:4>$。它只产生一个频繁模式 $\{b,a:4\}$。

频繁增长模式使用分支策略将发现长频繁模式问题转换成了在较小的条件事务集中递归搜索较短的频繁模式。将搜索出的频繁模式连接后缀,获得最终的频繁模式。该方法显著降低了搜索开销,提供了较好的性能。

4.5 关联规则模型的评估

关联规则评估的可用上述介绍的支持度和置信度,以购物篮为例,其中支持度体现数据的重要性,它指的是某个商品组合出现的次数与总次数之间的比例,支持度越高代表该规则出现的概率越大;置信度体现数据的可靠性,它指的是顾客购买了商品 A,会有多大的概率购买商品 B,因此置信度是条件概率,即 A 发生的条件下,B 发生的概率。以支持度和置信度为标准的关联分析算法,往往会产生大量的规则,其中一部分虽然具有相对较高的支持度和置信度,但是这些规则有的并不是我们感兴趣的规则,因此需要对这些规则进行进一步的评估和判定,才能得出符合实际应用的有效模型。为了解决这个问题,可以使用相关度量来扩充关联规则的支持度-置信度框架。构建 $X \rightarrow Y$[support, confidence, correlation]形式的相关规则。也就是说相关规则不仅用支持度和置信度度量,而且还用项集 X 和 Y 之间的相关度量。有许多不同的相关度量可供选择。常用的指标有提升度、IS 度量、相关分析等,本节重点介绍提升度。

考虑到满足支持度和置信度最小阈值的强关联规则,存在有效强关联规则和无效强关联规则之分的因素,可以利用提升度进一步反应 X 与 Y 的相关性。提升度定义如下:

$$\text{Lift}(X \rightarrow Y) = \frac{c(X \rightarrow Y)}{s(Y)} = \frac{s(X \rightarrow Y)}{s(X) \times s(Y)} \tag{4-6}$$

提升度表示了关联规则的置信度和规则后件中项集的支持度之间的比值,它反映了关联规则中 X 与 Y 的相关性。如果提升度为 1,表示 X 与 Y 相互独立,即关联规则的前件和后件没有任何关联;如果提升度小等于 1,说明 X 与 Y 是互斥的,即关联规则 $X \rightarrow Y$ 是无效的强关联规则;如果提升度大于 1,关联规则 $X \rightarrow Y$ 是有效的强关联规则。

习 题

4.1 对于下面每一个问题,请在购物篮领域举出一个满足下面条件的关联规则的例子,此外,指出这些规则是否是主观上有趣的。

(1)具有高支持度和高置信度的规则。
(2)具有相当高的支持度却有较低置信度的规则。
(3)具有低支持度和低置信度的规则。
(4)具有低支持度和高置信度的规则。

4.2 考虑如表 4-4 所示的数据集。

表 4-4 某购物篮事务数据集

顾客 ID	事务 ID	购买项
1	1	$\{a,d,e\}$
2	12	$\{a,b,d,e\}$
3	15	$\{b,c,e\}$
3	22	$\{b,d,e\}$
1	24	$\{a,b,c,e\}$
4	29	$\{c,d\}$
2	31	$\{a,c,d,e\}$
5	33	$\{a,d,e\}$
5	38	$\{a,b,e\}$
4	40	$\{a,b,c\}$

(1) 将每个事务 ID 视为一个购物篮,计算项集 (e),(b,d) 和 $\{b,d,e\}$ 的支持度。

(2) 使用(1)的计算结果,计算关联规则 $\{b,d\} \rightarrow \{e\}$ 和 $\{e\} \rightarrow \{b,d\}$ 的置信度。

(3) 将每个顾客 ID 作为一个购物篮,重复(1)。(提示:应当将每个项看作一个二元变量,如果一个项在顾客的购买事务中至少出现了一次,则为 1;否则,为 0)。

(4) 使用(3)的计算结果,计算关联规则 $\{b,d\} \rightarrow \{e\}$ 和 $\{e\} \rightarrow \{b,d\}$ 的置信度。

4.3 从华润超市顾客中,随机抽取 5 名顾客,他们的购物篮数据的二元表示如表 4-5 所示:

表 4-5 5 名顾客购物篮数据

顾客号	面条	豆芽	尿布	啤酒	猪肉	鸡蛋
1	1	1	0	0	0	0
2	1	0	1	1	0	1
3	0	1	1	1	1	0
4	1	1	1	1	0	0
5	1	1	1	0	1	0

某学员依据这些数据进行关联分析,考虑规则 $\{豆芽,尿布\} \rightarrow \{啤酒\}$,请计算该规则的支持度和置信度。

参 考 文 献

[1] JIAWEI HAN,MICHELINE KAMBER,JIAN PEI.数据挖掘概念与技术[M].北京:机械工业出版社,2018.
[2] TAN PANGNING,MICHAEL STEINBACH,ANUJ KARPATNE,et al. 数据挖掘导论[M].北京:机械工业出版社,2019.
[3] 徐雪琪.数据挖掘方法与应用[M].北京:清华大学出版社,2020.
[4] 李爱国,库向阳.数据挖掘原理、算法及应用[M].西安:西安电子科技大学出版社,2012.
[5] 王国胤,刘群,于洪,等.大数据挖掘及应用[M].北京:清华大学出版社,2017.
[6] 葛东旭.数据挖掘原理与应用[M].北京:机械工业出版社,2020.

第5章 分 类

分类是一种重要的数据分析形式,是人类认识世界的一种重要方法。分类的目的是学会一个分类函数或分类模型(也称作分类器),该模型能把数据库中的数据项映射到给定类别中的某一个类别。分类可用于预测。预测的目的是从历史数据记录中自动推导出给定数据的趋势描述,从而能对未来数据进行预测。统计学中常用的预测方法是回归。数据挖掘中的分类和统计学中的回归(本书第7章)是一对相互联系又有区别的概念。一般的,分类的输出是离散的类别值,而回归的输出则是连续数值。分类具有广泛的应用,例如医疗诊断、信用卡系统的信用分级、图像模式识别等。

5.1 基本概念

5.1.1 分类数据对象和属性

正如巧妇难为无米之炊,分类首先要有数据集。数据集由数据对象组成。一个数据对象代表一个实体。例如,在销售数据库中,对象可以是顾客、商品、销售量等;在装备数据库中,对象可以是战斗机、坦克、手枪、子弹;在医疗数据库中,对象可以是药品、患者。通常数据对象用属性来描述。数据对象又称为样本、实例、数据点或对象。数据对象通常存放在电子表格或数据库中。如果数据对象存放在数据库中,数据库的行对应于数据对象、列对应于属性。

属性也称字段,表示数据对象的一个特征。每个数据对象都由若干个属性组成。在文献资料中,属性、维、特征和变量可以互换使用,如表5-1所示。

表5-1 属性的等价术语

术 语	常用范围
维	数据仓库
特征	机器学习
变量	统计学
属性	数据挖掘和数据库

属性的类型可以有标称的、二元的、顺序的或数值的。

(1)标称属性。标称属性的值是一些符号或事物的名称。每个值代表某种类别、编码或状态。标称类型也称为分类类型或类别类型。例如头发颜色、民族、职业等均是标称属性。

(2)二元属性。二元属性是一种特殊的标称属性,只有两个类别或状态:0 或 1,其中 0 通常表示属性不出现、1 表示属性出现。二元属性也称为布尔属性,分别对应 TRUE 和 FALSE。例如核酸检测结果即为二元属性,1 表示阳性,0 表示阴性。

(3)顺序属性。顺序属性其可能的值之间具有意义的序。例如军事训练分为优秀、良好、合格、不合格,所以为顺序属性。

(4)数值属性。数值属性是定量的,用整数或实数来表示,例如身高、销售量、温度等。

【例 5-1】 判断表 5-2~表 5-4 给出的这 3 组数据集属性的类型,其中表 5-2 为判断是否去打球的天气数据,表 5-3 是鸢尾花的部分数据集,表 5-4 是选举数据集。

表 5-2 天气数据

NO.	outlook	temperature	humidity	windy	play
1	sunny	hot	high	FALSE	no
2	sunny	hot	high	TRUE	no
3	overcast	hot	high	FALSE	yes
4	rainy	mild	high	FALSE	yes
5	rainy	cool	normal	FALSE	yes
6	rainy	cool	normal	TRUE	no
7	overcast	cool	normal	TRUE	yes
8	sunny	mild	high	FALSE	no
9	sunny	cool	normal	FALSE	yes
10	rainy	mild	normal	FALSE	yes
11	sunny	mild	normal	TRUE	yes
12	overcast	mild	high	TRUE	yes
13	overcast	hot	normal	FALSE	yes
14	rainy	mild	high	TRUE	no

表 5-2 中的数据集包含 6 个属性,分别是 NO.、outlook、temperature、humidity、windy 和 play,其中 NO. 不具有实际意义,在此不考虑,play 作为类标号用于分类模型结果的表示,outlook、temperature、humidity、windy 作为属性集。同时可以看到,windy 是二元属性,取值分别是 FALSE 和 TRUE 两个取值;outlook 和 temperature 是标称属性,具有多个取值。humidity 是顺序属性,其取值分别是 low、normal、high。

第5章 分 类

表5-3 鸢尾花部分数据集

sepallength	sepalidth	petallength	petalwidth	class
7	3.2	4.7	1.4	Iris – versicolor
6.9	3.1	4.9	1.5	Iris – versicolor
6.8	2.8	4.8	1.4	Iris – versicolor
6.7	3.1	4.7	1.5	Iris – versicolor
7.9	3.8	6.4	2	Iris – vinginica
7.1	3	5.9	2.1	Iris – virginica
6.9	3.1	5.4	2.1	Iris – vinginica
6.9	3.1	5.1	2.3	Iris – virginica
5.5	4.2	1.4	0.2	Tris – setosa
5.5	3.5	1.3	0.2	Iris – setosa
5.4	3.9	1.7	0.4	Tris – setosa
5.4	3.7	1.5	0.2	Iris – setosa

表5-3中鸢尾花数据的属性也是5个,其中前4个属性SepalLengthCm,SepalWidthCm,PetalLengthCm和PetalWidthCm均是数值属性,class为类标号且是标称属性。

表5-4 选举数据集

选民编号	年 龄	性 别	年收入/万元	肤色	选举的人选
1	20	男	30	白	T
2	30	男	30	黑	T
3	40	女	50	黄	B
4	50	女	60	黑	B
5	55	男	40	白	T
6	45	女	100	黑	B
7	30	男	20	白	T
8	30	女	80	白	B
9	15	男	0	白	T
10	60	女	90	黄	B

表5-4中选举数据集的属性有6个,其中,选民编号没有实际意义,在此不予考虑,年龄和年收入为数值属性,肤色是标称属性,性别是二元属性,选举的人选是类标号且是二元属性。

5.1.2 分类模型

分类的关键是找出一个合适的分类器,也就是分类函数或分类模型。分类的过程是依据已知的样本数据构造一个分类函数或者分类模型。该分类函数或分类模型能够把数据库中的数据对象映射到某个给定的类别中,从而确定数据对象的类别。

分类模型是属性集和类别标签之间的抽象表示。分类模型可以有许多方式来表示,例如树、网络、函数表达式等等。形式上,可以把分类模型理解为一个目标函数 f,它将输入属性集 x 并产生一个对应于预测类别标签的输出。如果 $f(x)=y$,则说明该模型对实例 (x, y) 进行分类。

以表 5-3 所示的 Iris 鸢尾花数据为例说明,该数据集是一个经典数据集,可用于数据分类。数据集内包含 3 类共 150 条记录,每类各 50 个数据,每条记录都有 4 项特征:花萼长度、花萼宽度、花瓣长度、花瓣宽度,可以通过这 4 个特征预测鸢尾花卉属于(iris - setosa, iris - versicolour, iris - virginica)中的哪一品种。

5.1.3 分类的基本过程

分类的基本过程可以分为建立模型和应用模型两个过程。首先将源数据集划分为训练集和测试集,然后在训练集上进行归纳学习并建立起分类模型,该分类模型能否对未知数据进行正确分类,还需要测试集进行检验,分类的基本流程如图 5-1 所示。

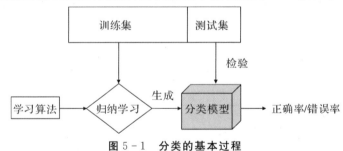

图 5-1 分类的基本过程

(1)训练集。分类的样本数据集合称为训练集,是构造分类器的基础。训练集由数据对象组成,要求每个数据对象的所属类别已知。在构造分类器时,需要输入包含一定样本数据的训练集。选取的训练集是否合适,直接影响到分类器性能的好坏。

(2)测试集。与训练集一样,测试集也是由类别属性已知的数据对象组成的。测试集用来测试基于训练集构造的分类模型的性能。在分类模型产生后,由分类模型判定测试集对象的所属类别,再与测试集中已知的所属类别进行比较,得出分类器的正确率或错误率等一系列评价性能。

(3)建立模型。在学习算法集合中,选择不同的分类算法,归纳学习或训练出一个分类模型。

(4)评估模型。对于每一个测试样本,通过比较其类别标号和分类模型对其分类结果,计算模型在给定测试集上的正确率或错误率。

需要说明的是,对于模型的评估可以采用很多的指标,除了最简单的正确率和错误率外,还有精确率、召回率、F - measure、ROC、AUC 等。如果分类模型的分类准确性可以接受,那么该分类模型就可以应用到新的数据集中进行分类。

(5) 应用模型。使用该模型对未知的数据对象进行分类。

5.2 决 策 树

决策树(decision tree)是一种简单的分类模型,它从一组无次序、无规则的数据对象中推理出决策树表示形式的分类规则。决策树分类方法采用自顶向下的递归方式,在决策树的内部结点进行属性值的比较,根据不同的属性值判断从该结点向下的分支,在决策树的叶结点得到结论。

5.2.1 决策树基本算法概述

顾名思义,决策树模型利用树结构进行表示,通常是一棵二叉树或多叉树,如图 5-2 所示,决策树通过设计一系列精心制作的问题来解决分类问题。

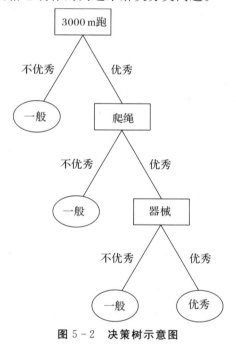

图 5-2 决策树示意图

在决策树中主要以下包含 3 种类型的结点。

(1) 根结点:没有输入,且有零个或多个输出的结点。

(2) 内部结点:每个结点只有一个输入,且有两个或多个输出的结点。

(3) 叶结点或终端结点:每个结点只有一个输入且没有输出的结点。

决策树生成算法的输入是一组带有类别标记的例子。决策树的内部结点(非叶子结点)一般表示为一个逻辑判断,如形式为$(a_i = v_i)$的逻辑判断,其中 a_i 是属性,v_i 是该属性的某个属性值。树的边是逻辑判断的分支结果。多叉树的内部结点是属性,边是该属性的所有取值,有几个属性值,就有几条边。树的叶子结点都是类别标记。

5.2.2 决策树构造

决策树按照"分而治之"的思想递归构造,递归构建决策树算法的框架如下。

算法 5-1 递归构建决策树算法的基本框架

输入:训练集 $D=\{(x_1,y_1),(x_2,y_2),\ldots,(x_m,y_m)\}$;属性集 $A=\{a_1,a_2,\ldots,a_k\}$。

输出:一棵决策树(由给定的训练数据产生一棵决策树)。

过程:函数 TreeGenerate(D,A)

(1) 创建结点 Node;

(2) if D 都在同一个类 C then

(3)   Node 类别标记为 C,作为叶结点返回;return

(4) end if

(5) if A 为空或 D 中样本在 A 上取值相同 then

(6)   Node 类别标记为 D 中样本数据最多的类,作为叶结点返回;return

(7) end if

(8) 选择 A 中具有最优划分的属性 a_*;

(9)   for a_* 的每一个属性值 a_*^v do

(10) 为 Node 生成一个分支;令 D_v 表示 D 中在 a_* 上取值为 a_*^v 的样本子集;

(11)   if D_v 为空 then

(12) 将分支结点标记为叶结点,其类别标记为 D 中样本最多的类;return

(13)   else

(14) 以 TreeGenerate$(D_v,A-\{a_*\})$ 为分支结点//递归调用该算法

(15)   end if

(16)   end for

决策树算法在构建的过程中有以下几个问题需要解决。

(1)如何选择具有最优划分的属性,例如在属性集中选择哪个属性作为根结点,继续划分时如何选择下一个属性,选择不同属性的依据是什么?

(2)数据属性类型包括多种,应该如何划分,是二元划分还是多路划分,连续属性数据该如何划分?

(3)在样本数据的某些属性代表性不强时,构建的决策树将会枝繁叶茂,那决策树是一直生长下去还是提前终止?

上述问题,将在下面进行一一解决。

5.2.3 不同属性的划分方法

数据的属性类型通常分为二元属性、标称属性、顺序属性和数值属性四种,下面介绍这四种属性的划分方法。

1. 二元属性

二元属性的划分是明确的,可以产生两路分支,如图 5-3 所示。

图 5-3 二元属性的划分

2. 标称属性

标称属性可以有多个取值,因此可以产生多种划分,如图 5-4(a)所示。例如,选民肤色有黑、白、黄,可以产生 3 种二元划分。例如,决策树算法 CART 只产生二元划分。对于有 k 个属性值的二元划分方法有 $2^{k-1}-1$ 种。图 5-4(b)说明了将选民肤色的属性值分为两个子集的 3 种不同方式。

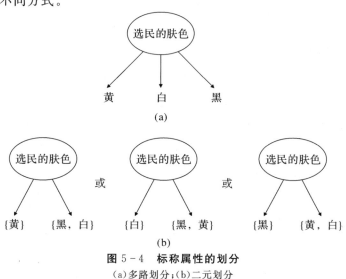

图 5-4 标称属性的划分
(a)多路划分;(b)二元划分

3. 顺序属性

顺序属性也可以产生二元划分和多路划分,同标称属性,但是顺序属性区别要求分组不违反属性值的有序性。如图 5-5 所示,综合评定成绩的属性值有不及格、及格、良好、优秀,图 5-5(a)(b)保留了属性值之间的顺序,而图 5-5(c)违反了有序性。

图 5-5 顺序属性的划分
(a)不违反有序性(一);(b)不违反有序性(二);(c)违反有序性

4. 数值属性

数值属性,尤其是连续类型数据,也可以产生二元和多路划分(见图 5-6)。对于连续类型的属性值 $v_1, v_2, \ldots, v_k$ 进行多路划分时,划分点 A_i 满足 $v_i \leqslant A_i \leqslant v_{i+1}$ ($i=1, 2, \ldots, k$)。对于多路划分,需要属性值范围是互斥的,且覆盖训练集中观察到属性值的最小值和最大值之间的整个属性值范围。

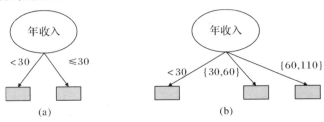

图 5-6 数值属性的划分

(a)二元划分;(b)多路划分

5.2.4 不纯度指标计算

从前文可以看出多元属性和连续型属性有着不同的划分方法,决策树应该以什么样的标准来确定划分的优劣呢?这需要首先了解不纯度的概念。考虑到包含属于同一类训练数据的结点不需要进一步扩展,相反不纯的结点包含来自不同类别的训练数据,需要多级扩展,这样会增加决策树的深度。较大的决策树、枝繁叶茂的决策树是我们不希望看到的,因为这样的树容易出现过拟合的现象,增加决策树对未知样本错分的可能性。同时,与较小的树相比,大树不容易解释,且训练时间和测试时间都更长。

下述按照单结点不纯性度量和子结点集合不纯性进行介绍。

1. 单结点的不纯性度量

结点的不纯性度量,即度量共有结点的数据实例的类别标签的差异程度。假设有两个结点,每个结点都包含两个类别 C_0 和 C_1,对于图 5-7(a)结点中,C_0 和 C_1 占比为 5:5,在图 5-7(b)结点中,C_0 和 C_1 占比为 9:1。

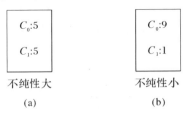

图 5-7 不纯性示意图

从图 5-7 中可以发现图 5-7(a)结点的不纯性的是非常大的,图 5-7(b)结点的不纯性是比较小的。可以考虑一种极端的情况,当某一个结点中,C_0 和 C_1 占比为 10:0 时,此时的

第5章 分 类

不纯性将达到最小。所以可以总结出,数据类别分布越均匀,不纯性程度越高;数据类别分布越倾斜,不纯性程度越低。

如何评估结点不纯性的度量呢。以结点 t 为例来解释,主要介绍熵、基尼指数和分类误差 3 种方法,其计算公式为

$$\text{熵 Entropy}(t) = -\sum_{i=0}^{c-1} p(i|t) \log_2 p(i|t) \tag{5-1}$$

$$\text{基尼指数 } \text{Gini}(t) = 1 - \sum_{i=0}^{c-1} [p(i|t)]^2 \tag{5-2}$$

$$\text{分类误差 Classification error}(t) = 1 - \max_i [p(i|t)] \tag{5-3}$$

式中,$p(i|t)$ 是结点 t 属于类 i 的训练实例的相对频率,c 是类的总个数,即一共有 c 类。对于一组数据,某一个节点 t,它包含 c 个类别,属于每一类的相对频率用 $p(i|t)$ 来表示,相对频率取对数后乘以相对频率,最后求一个累加和的相反数就是熵。基尼指数是 1 减去各类别相对频率的平方累加和;分类误差是 1 减去所有类别中最大的相对频率。

【例 5-2】 以一组数据为例,下面分别计算 3 种不纯性度量值,并通过改变类别分布,看看不纯性度量值是如何变化的?

表 5-5 中 3 个结点 N_1, N_2, N_3,每个结点都是一个二分类的问题,所以 $p_0(t) + p_1(t) = 1$,基于上述计算,可以看出结点 N_1 具有最低的不纯性度量值,随后是 N_2 和 N_3。

表 5-5 不纯性度量计算

序号	数据		计算结果
1	结点 N_1 / 类=0 / 类=1	计数 / 0 / 6	基尼指数 $= 1 - (\frac{0}{6})^2 - (\frac{6}{6})^2 = 0$ 熵 $= -(\frac{0}{6})\log_2(\frac{0}{6}) - (\frac{6}{6})\log_2(\frac{6}{6}) = 0$ 误差 $= 1 - \max[\frac{0}{6}, \frac{6}{6}] = 0$
2	结点 N_1 / 类=0 / 类=1	计数 / 1 / 5	基尼指数 $= 1 - (\frac{1}{6})^2 - (\frac{5}{6})^2 = 0.278$ 熵 $= -(\frac{1}{6})\log_2(\frac{1}{6}) - (\frac{5}{6})\log_2(\frac{5}{6}) = 0.650$ 误差 $= 1 - \max[\frac{1}{6}, \frac{5}{6}] = 0.167$
3	结点 N_1 / 类=0 / 类=1	计数 / 3 / 3	基尼指数 $= 1 - (\frac{3}{6})^2 - (\frac{3}{6})^2 = 0.5$ 熵 $= -(\frac{3}{6})\log_2(\frac{3}{6}) - (\frac{3}{6})\log_2(\frac{3}{6}) = 1$ 误差 $= 1 - \max[\frac{3}{6}, \frac{3}{6}] = 0.5$

对于三种不纯性度量指标之间的比较如图 5-8 所示。

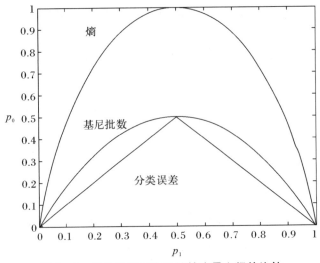

图 5-8 二分类问题中不纯性度量之间的比较

从图 5-8 中可以看出,不同的不纯性度量是一致的,但测试条件的属性选择仍因不纯性度量的选择而异。

2. 子结点的集合不纯性

假设一个属性测试条件,该条件将包含 N 个训练实例的结点划分为 k 个子结点,分别是 $v_1, v_2, v_3, \cdots\cdots v_k$,其中,每个子结点可以看作单个结点,其不纯性度量可以利用前面介绍的 3 种度量方法进行计算,那子结点的集合的不纯性的计算公式为

$$I(子结点) = \sum_{j=1}^{k} \frac{N(v_j)}{N} I(v_j) \tag{5-4}$$

式中,N 为训练数据的条数,$N(v_j)$ 为与不纯性为 $I(v_j)$ 的子结点 v_j 相关联的训练数据的数量。

【例 5-3】 下面以预测贷款拖欠的分类问题为例,数据如表 5-6 所示,选择不同的属性测试条件产生了不同的划分,如图 5-9 所示。

表 5-6 预测贷款拖欠问题数据样本

序 号	是否有房	婚姻状况	年收入/千元	是否拖欠贷款
1	是	单身	125	否
2	否	已婚	100	否
3	否	单身	70	否
4	是	已婚	120	否
5	否	离异	95	是
6	否	已婚	60	否
7	是	离异	220	否
8	否	单身	85	是
9	否	已婚	75	否
10	否	单身	90	是

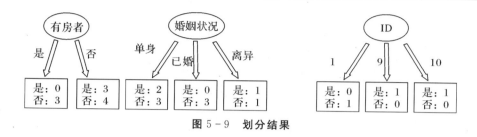

图 5-9 划分结果

对于属性"有房者"进行划分时,将产生两个子结点,其加权熵计算公式为

$$I(有房者)=是=-\frac{0}{3}\log_2\frac{0}{3}-\frac{3}{3}\log_2\frac{3}{3}=0$$

$$I(有房者)=否=-\frac{3}{7}\log_2\frac{3}{7}-\frac{4}{7}\log_2\frac{4}{7}=0.985$$

$$I(有房者)=\frac{3}{10}\times 0+\frac{7}{10}\times 0.985=0.690$$

对于"婚姻状况"的划分,3 个子结点的加权熵由下式给出,即

$$I(婚姻状况)=单身=-\frac{2}{5}\log_2\frac{2}{5}-\frac{3}{5}\log_2\frac{3}{5}=0.971$$

$$I(婚姻状况)=已婚=-\frac{0}{3}\log_2\frac{0}{3}-\frac{3}{3}\log_2\frac{3}{3}=0$$

$$I(婚姻状况)=离异=-\frac{1}{2}\log_2\frac{1}{2}-\frac{1}{2}\log_2\frac{1}{2}=1$$

$$I(婚姻状况)=\frac{5}{10}\times 0.971+\frac{3}{10}\times 0+\frac{2}{10}\times 1=0.686$$

通过上面的计算,可以发现分别以属性"有房者"和"婚姻状况"进行划分时,计算的不纯性度量值是不一样的,后者小于前者,不纯性度量值越小越好,由于后者 0.686<前者 0.690,所以"婚姻状况"的加权熵优于"有房者"。

3. 确定最佳属性测试条件

为了确定属性测试条件的优劣,我们需要比较父结点也就是划分之前的不纯性和子结点的也就是划分后的不纯性,如果他们的差异越大,可以认为测试条件越好。这种差异称为属性测试条件的纯度增益,即

$$\Delta=I(父结点)-I(子结点) \tag{5-5}$$

式中,$I(父结点)$表示划分前结点的不纯性,$I(子结点)$表示划分后的子结点的加权不纯性度量。可以证明,$I(父结点)>=I(子结点)$,因此纯度增益是非负的。增益越高,子结点相对于父结点越纯洁。

决策树算法中的分裂准则就是选择最大增益的属性测试条件。注意,由于父结点的不纯性是相同的,所以求最大化的增益,相当于求最小化的子项的加权不纯性度量。另外,当熵被用作不纯性度量时,熵的差异称为信息增益。

【例 5-4】 继续以预测贷款拖欠的分类问题为例,下面计算父结点的熵,在划分之前,父结点的初始类分布是(0.3,0.7),由于训练数据中有 3 个训练数据为"是",7 个训练数据为"否",则有

$$I(父结点) = -\frac{3}{10}\log_2\frac{3}{10} - \frac{7}{10}\log_2\frac{7}{10} = 0.881$$

有房者和婚姻状况的信息增益分别是：

$$\Delta info(有房者) = 0.881 - 0.690 = 0.191$$

$$\Delta info(婚姻状况) = 0.881 - 0.686 = 0.195$$

由于婚姻状况的加权熵低，因此其信息增益高，所以我们选择婚姻状况进行数据划分。当然也可以计算结点的基尼指数。

然而，对于熵和基尼指数存在一个潜在的不足是：它们更容易选择具有大量不同值的定性属性。对于我们这个贷款人借款人分类问题中，如图 5-9 所示，选择属性婚姻状况优于选择有房者，因为婚姻状况提供了更大的信息增益。但是婚姻状况与 ID 属性相比，ID 属性的加权熵和基尼指数等于 0，会产生信息增益更大的更纯的划分。

顾客 ID 也并不是一个很好的划分属性，因为它对每个实例都有唯一的值。即使 ID 测试条件将训练数据中的每个实例都进行了正确分类，我们也不会使用该测试条件，它导致决策树生长非常的繁茂。所以单一的追求较低的不纯性是不足以找到良好的属性测试条件的。就像我们以前提到的，决策树越复杂，越容易出现过拟合。

为了解决上述问题，我们还应该考虑划分属性产生的子结点的数量，子结点的数量不能太多。有两种方法可以解决这个问题，一是仅生成二元决策树，经典的 CART 算法就是使用了该策略。另一种方法是修改划分标准，新的划分标准中需要考虑属性生成的划分的数量。经典的 C4.5 算法就是使用该方法，在 C4.5 算法中，使用称为增益率的度量来补偿产生大量子结点的属性。

5.2.5 决策树剪枝策略

为了解决决策树的过拟合问题，可以对决策树分类模型进行适当的剪枝，有以下两种基本的剪枝策略。

(1) 预先剪枝(Pre-Pruning)：在生成树的同时决定是继续对不纯的训练子集进行划分还是停机。

(2) 后剪枝(Post-Pruning)：一种拟合-化简的两阶段方法。首先生成与训练数据完全拟合的一棵决策树，然后从树的叶子开始剪枝，逐步向根的方向剪。剪枝时要用到一个测试数据集合，如果存在某个叶子剪去后测试集上的准确度或其他测度不降低(不变得更坏)，则剪去该叶子；否则停机。

5.3 贝叶斯分类器

许多分类问题涉及不确定性，比如在测量过程中设备的缺陷，导致数据不可靠，再比如为分类选择的属性不能完全代表目标类，导致数据不全面等，在这种情况下，不仅需要对类别标签进行预测，还要提供每个预测相关联的置信度的度量。概率论为量化和处理数据中的不确定性提供了科学的方法，用概率论来表示属性和类别标签之间的关系的分类模型被称为概率分类模型。本节将要学习的贝叶斯分类器就是最简单也是最广泛使用的概率分类模型。

5.3.1 贝叶斯定理

在介绍贝叶斯定理之前,先来简单回顾一下在概率论课程中学过的概念和原理。

1. 条件概率

设 A,B 是两个事件,且 $P(A)>0$,称公式

$$P(B|A)=\frac{P(AB)}{P(A)} \tag{5-6}$$

为在事件 A 发生的条件下事件 B 发生的条件概率。

2. 联合概率

设 X,Y 是两个随机变量,联合概率通常记为 $P(XY)=P(X=x,Y=y)$,表示 X 取值 x 且 Y 取值 y 的概率。

3. 全概率公式

先介绍样本空间的划分的定义。

设 S 为试验 E 的样本空间,$B_1,B_2,\cdots,B_n$ 为 E 的一组事件。若

(1) $B_iB_j=\varnothing,i\neq j,i,j=1,2,\cdots,n$;

(2) $B_1\cup B_2\cup\cdots\cup B_n=S$;

则称 $B_1,B_2,\cdots,B_n$ 为样本空间 S 的一个划分。若 $B_1,B_2,\cdots,B_n$ 是样本空间的一个划分,那么,对每次试验,事件 $B_1,B_2,\cdots,B_n$ 中必有一个且仅有一个发生。

假设试验 E 的样本空间为 S,A 为 E 的事件,$B_1,B_2,\cdots,B_n$ 为 S 的一个划分,且 $P(B_i)>0$,则

$P(A)=P(A|B_1)P(B_1)+P(A|B_2)P(B_2)+\cdots+P(A|B_n)P(B_n)$ 称为全概率公式。

4. 贝叶斯定理

设 A,B 为两个随机事件,A,B 的联合概率和条件概率满足:

$$P(AB)=P(A|B)P(B)=P(B|A)P(A) \tag{5-7}$$

经过调整就得了著名的公式——贝叶斯(Bayes)公式为

$$P(B|A)=\frac{P(A|B)P(B)}{P(A)} \tag{5-8}$$

也就是说,在事件 A 发生的条件下 B 发生的概率 $P(B|A)$ 可以通过事件 B 发生的条件下 A 发生的概率 $P(A|B)$ 以及 A,B 的概率 $P(A),P(B)$ 求得。

【例 5-5】 某服装厂所用的布料是由 3 家生产厂提供的,根据以往的记录有表 5-7 的数据:

表 5-7 某服装厂的生产数据

布料生产厂	次品率	提供布料的份额
1	0.02	0.20
2	0.01	0.70
3	0.03	0.10

设这三家工厂的布料产品在仓库中是均匀混合的,且无区别的标志。

(1)在仓库中随机地选取一批布料,求它是次品的概率;

(2)在仓库中随机地选取一批布料,若已知取到的是次品,分析此次品出自何厂。求出此次品由三家工厂生成的概率分别是多少?

解:设 A 表示"取到的是一批次品"; $B_i(i=1,2,3)$ 表示"所取到的布料产品是由第 i 家工厂提供的"。

易知 $B_i(i=1,2,3)$ 是样本空间 S 的一个划分,从表中数据可得

$P(B_1)=0.20, P(B_2)=0.70, P(B_3)=0.10, P(A|B_1)=0.02, P(A|B_2)=0.01, P(A|B_3)=0.03$

(1)由全概率公式,得

$$P(A)=P(A|B_1)P(B_1)+P(A|B_2)P(B_2)+P(A|B_3)P(B_3)=0.014$$

(2)由贝叶斯公式,得

$$P(B_1|A)=\frac{P(A|B_1)P(B_1)}{P(A)}=\frac{0.02\times 0.20}{0.014}=0.29$$

$$P(B_2|A)=\frac{P(A|B_2)P(B_2)}{P(A)}=\frac{0.01\times 0.70}{0.014}=0.5$$

$$P(B_3|A)=\frac{P(A|B_3)P(B_3)}{P(A)}=\frac{0.03\times 0.10}{0.014}=0.21$$

以上结果表明,这只次品来自第2家工厂的可能性最大。

5.3.2 贝叶斯定理在分类中的应用

对于分类,我们需要计算的是给定属性值 X 的数据条件下类别标签 Y 的概率,用 $P(Y|X)$ 表示,它被称为目标类的后验概率(posterior probability)。利用贝叶斯定理,可以把后验概率表示为

$$P(Y|X)=\frac{P(X|Y)P(Y)}{P(X)} \tag{5-9}$$

式中,$P(X|Y)$ 被称为给定类别标签的属性的类条件概率,它的测量从属于 Y 类的实例分布中观察到 X 的可能性。$P(Y)$ 被称为先验概率,它是独立于观察到的属性值。先验概率捕获了关于类别标签分布的先验知识,比如我们可以不管他们的诊断报告,而预先知道任何人患高血压的可能性都是 β。先验概率既可以通过专家知识获得,也可以从类别标签的历史分布样本中推断出来。概率 $P(X)$ 是不依赖于类别标签的,因此在后验概率计算中可以视为常数,此外 $P(X)$ 的值还可以通过全概公式求得。

贝叶斯定理提供了一种结合先验知识与获得所观察到的属性值的概率来求后验概率最大的方法。所以,在训练阶段,需要学习 $P(X|Y)$、$P(Y)$ 的参数。

对于先验概率 $P(Y)$ 应用极大似然估计法估计相应的概率。

对于类条件概率 $P(X|Y)$,一种方法是针对每个可能的属性值组合来考虑给定的训练实例的占比。例如,假设有两个属性 x_1、x_2,他们都可以从 c_1 到 c_k 中取一个值,用 n 表示属于类 $Y=0$ 的训练实例的数目,其中包含 $x_1=c_i, x_2=c_j$ 这样的训练实例,数目用 n_{ij} 表示,则 $P(x_1=c_i, x_2=c_j|Y=0)=\frac{n_{ij}}{n}$。但是我们需要注意到,当属性值数量呈指数增长时,该方法会变得难以估计。

接下来介绍朴素贝叶斯分类器,对类条件概率做了简化假设,称为朴素贝叶斯假设,这种假设的使用有助于获得类条件概率的可靠估计,即使属性的数量非常大时也是可以的。

5.3.3 朴素贝叶斯分类器

贝叶斯分类器的工作原理如下:

(1)设 D 是训练元组集合,通常,每个元组用一个 n 维属性向量 $\boldsymbol{X}=\{x_1,x_2\cdots x_n\}$ 表示,n 个属性由 $A_1,A_2,\cdots,A_n$ 来描述。

(2)假定有 m 个类 $C_1,C_2,\cdots,C_m$,在给定 $\boldsymbol{X}$ 条件下,分类法将预测 $\boldsymbol{X}$ 属于具有最高后验概率的类。也就是说,贝叶斯分类法预测 $\boldsymbol{X}$ 属于类 C_i,当且仅当 $P(C_i|\boldsymbol{X})>p(C_j|\boldsymbol{X})$ $1\leqslant i,j\leqslant m,i\neq j$,也就是最大化 $P(C_i|\boldsymbol{X})$。

(3)根据贝叶斯定理 $P(C_i|\boldsymbol{X})=\dfrac{P(X|C_i)P(C_i)}{P(X)}$,由于 $P(X)$ 对于所有的类是常数且相同,所以要使 $P(C_i|\boldsymbol{X})$ 有最大后验概率,只需要 $P(\boldsymbol{X}|C_i)P(C_i)$ 最大即可。

对于先验概率在上节 5.3.2 中讨论过了,可以用 $P(C_i)=\dfrac{|C_{i,D}|}{|D|}$ 计算,其中,$|D|$ 表示数据总样本,$|C_{i,D}|$ 表示 D 中 C_i 类的训练元组数。

对于给定具有非常多属性的数据集计算 $P(\boldsymbol{X}|C_i)$ 是非常难的,为了降低计算的开销,可以做类条件独立的朴素假定。条件独立性概念可以形式化的表述如下:

条件独立:

设 X,Y,Z 是三个随机变量,给定 Z 的情况下,若下式成立,则称 X 条件独立于 Y,即

$$P(X|Y,Z)=P(X|Z) \tag{5-10}$$

这表示,在 Z 条件下,X 发生与否不受 Y 的影响。因此 X 在条件上独立于 Y。为了说明条件独立的概念,考虑一个人手臂长度(X)与他的生活技能(Y)之间的关系。可能有人会观察到,手臂较长的人往往具有较高的生活技能,因此认为手臂长度(X)和生活技能(Y)是相互关联的。然而,这种关系可以由另一个因素来解释,那就是人的年龄(Z),幼儿有短臂缺乏成人生活技能。如果一个人的年龄是固定的,那么观察到的手臂长度和生活技巧之间的关系就不存在了。因此可以得出结论,当年龄变量固定的时候,手臂长度和生活技能不是直接相关的,并且是条件独立的。

另一种描述条件独立的方式是,使用联合条件概率,可表示为

$$P(X,Y|Z)=\frac{P(X,Y,Z)}{P(Z)}=\frac{P(X,Y,Z)}{P(Y,Z)}\times\frac{P(Y,Z)}{P(Z)}=P(X|Y,Z)\times P(Y|Z)=P(X|Z)\times P(Y|Z) \tag{5-11}$$

式(5-11)指出,X,Y 条件独立,在给定 Z 的情况下,X 和 Y 联合条件概率可以分解为 X 和 Y 条件概率乘积的形式,这就构成了朴素贝叶斯假设的基础。假定属性值 $X=\{x_1,x_2,\cdots,x_n\}$ 之间是有条件的相互独立,即属性之间不存在相互依赖关系,因此,$P(X|C_i)=\prod\limits_{j=1}^{n}P(x_j|C_i)=P(x_1|C_i)P(x_2|C_i)\cdots P(x_n|C_i)$,可以很容易地由训练元组估计概率 $P(x_1|C_i),P(x_2|C_i),\cdots,P(x_n|C_i)$,这样求解 $P(X|C_i)P(C_i)$ 最大就转化为了求 $P(C_i)\prod\limits_{j=1}^{n}P(x_j|C_i)$ 最大。

那如何求 $P(x_j|C_i)$ 是下述要讨论的问题，考虑如下情况：

(1)如果属性 A_j 是分类属性，我们可以应用极大似然估计法估计相应的概率，条件概率 $P(x_j|C_i) = \dfrac{|x_{j,C_i}|}{|C_{i,D}|}$，$|C_{i,D}|$ 表示 D 中 C_i 类的训练元组数，$|x_{j,C_i}|$ 表示 C_i 类中属性 A_j 的值为 x_j 的训练元组数。

(2)如果属性 A_j 是连续属性，朴素贝叶斯分类法使用了两种方法来估计条件概率 $P(x_j|C_i)$。

可以把每一个连续的属性离散化，然后用相应的离散区间替换连续属性值，可以采用(1)中描述的用于计算分类属性的条件概率方法，通过计算类 C_i 中 x_j 对应区间的占比来估计。估计误差由离散的方法和离散区间数目大小来决定，如果离散区间数目太大，则会因为每一个区间中训练的样本太少不能对 $P(x_j|C_i)$ 作出可靠的估计；如果离散区间数目太小，则有些区间就会含有来自不同类的样本，从而失去了正确的决策边界。例如，年龄是一个连续属性，可通过将连续属性离散化，用相应区间替换连续。

可以假设连续变量服从某种概率分布，然后使用训练数据估计分布的参数。通常用正态分布来表示连续属性的类条件概率分布。正态分布有两个参数，均值 μ 和方差 σ^2，对于每一个 C_i, x_j 的条件概率等于 $P(x_j|C_i) = \dfrac{1}{\sqrt{2\pi}\sigma_{ij}} e^{-\dfrac{(x_j - \mu_{ij})^2}{2\sigma_{ij}^2}}$，其中 μ_{ij}、σ^2_{ij} 可由类 C_i 的所有样本中关于 x_j 的样本均值 $\bar{X} = \dfrac{1}{n}\sum_{i=1}^{n}x_i$、样本方差 $S^2 = \dfrac{1}{n-1}\sum_{i=1}^{n}(x_i - \bar{X})^2$ 来估计。

【例 5-6】 分类数据的条件概率估计。根据顾客消费数据，估算其是否购买电脑。表 5-8 是"年龄""年收入""是否在上学""信用状况"这些属性组成的训练数据样本，类标号属性为"购买电脑"有两个值"是"和"否"。

表 5-8 顾客训练数据样本

序号	年龄	年收入	是否在上学	信用状况	购买电脑
1	≤30	高	否	差	否
2	≤30	高	否	好	否
3	31～40	高	否	差	是
4	>40	中等	否	差	是
5	>40	低	是	差	是
6	>40	低	是	好	否
7	31～40	低	是	好	是
8	≤30	中等	否	差	否
9	≤30	低	是	差	是
10	>40	中等	是	差	是
11	≤30	中等	是	好	是
12	31～40	中等	否	好	是
13	31～40	高	是	差	是
14	>40	中等	否	好	否

现用朴素贝叶斯分类预测一个样本为 $X=\{$年龄 $=\leqslant 30$,年收入=中等,是否上学=是,信用状况=差$\}$ 的类标号。

设 $C_1=\{$购买电脑=是$\}$,$C_2=\{$购买电脑=否$\}$,为了解决以上问题需要最大化 $P(X|C_i)$,$i=1,2$。

(1)求先验概率 $P(C_i)$,可以根据训练样本计算:
$$P(C_1)=\frac{9}{14}=0.643,P(C_2)=\frac{5}{14}=0.357$$

(2)求类条件概率,由条件独立分别可求出:

$$P(\text{年龄}=\leqslant 30|C_1)=\frac{2}{9},P(\text{年龄}=\leqslant 30|C_2)=\frac{3}{5}$$

$$P(\text{年收入}=\text{中等}|C_1)=\frac{4}{9},P(\text{年收入}=\text{中等}|C_2)=\frac{2}{5}$$

$$P(\text{是否上学}=\text{是}|C_1)=\frac{6}{9},P(\text{是否上学}=\text{是}|C_2)=\frac{1}{5}$$

$$P(\text{信用状况}=\text{差}|C_1)=\frac{6}{9},P(\text{信用状况}=\text{差}|C_2)=\frac{2}{5}$$

类条件概率 $P(X|C_1)=P(\text{年龄}=\leqslant 30|C_1)\times P(\text{年收入}=\text{中等}|C_1)\times P(\text{是否上学}=\text{是}|C_1)\times P(\text{是否上学}=\text{是}|C_1)\times P(\text{信用状况}=\text{差}|C_1)=\frac{2}{9}\times\frac{4}{9}\times\frac{6}{9}\times\frac{6}{9}=0.044$

类条件概率 $P(X|C_2)=P(\text{年龄}=\leqslant 30|C_2)\times P(\text{年收入}=\text{中等}|C_2)\times P(\text{是否上学}=\text{是}|C_2)\times P(\text{信用状况}=\text{差}|C_2)=\frac{3}{5}\times\frac{2}{5}\times\frac{1}{5}\times\frac{2}{5}=0.019$

由 $P(X|C_1)P(C_1)=0.028$,$P(X|C_2)P(C_2)=0.007$,我们得到 $P(C_1|X)>P(C_2|X)$,这样对于样本 $X=\{$年龄$=\leqslant 30$,年收入=中等,是否上学=是,信用状况=差$\}$ 的类标号预测结果为:$C_1=\{$购买电脑=是$\}$

【例 5-7】 连续属性的条件概率估计。根据银行提供的数据预测贷款拖欠问题。考虑表 5-9 中的数据集,有"有房""婚姻状况""年收入"属性,分类标号属性为"拖欠贷款",值为是、否,现在给定一个数据 $X=\{$有房=是,婚姻状况=已婚,年收入=120K$\}$,预测是否会拖欠贷款。

表 5-9 预测贷款拖欠问题数据样本

序 号	是否有房	婚姻状况	年收入/千元	是否拖欠贷款
1	是	单身	125	否
2	否	已婚	100	否
3	否	单身	70	否
4	是	已婚	120	否
5	否	离异	95	是
6	否	已婚	60	否
7	是	离异	220	否
8	否	单身	85	是
9	否	已婚	75	否
10	否	单身	90	是

设 $C_1=\{$拖欠贷款=是$\}$,$C_2=\{$拖欠贷款=否$\}$,需要最大化 $P(X|C_i)$,$i=1,2$。

(1)求先验概率 $P(C_i)$,可以根据训练样本计算:

$$P(C_1)=\frac{3}{10}=0.30, P(C_2)=\frac{7}{10}=0.70$$

(2)求类条件概率,由条件独立分别各个分类属性的条件概率:

$$P(有房=是|C_1)=0, P(有房=是|C_2)=\frac{3}{7}$$

$$P(婚姻状况=已婚|C_1)=0, P(婚姻状况=已婚|C_2)=\frac{4}{7}$$

对于连续属性年收入,假定其样本服从正态分布,需要计算其样本均值和样本方差,可求得以下计算结果:

类 C_1:均值 $\bar{x}=\frac{95+85+90}{3}=90$,样本方差 $\sigma^2=\frac{(95-90)^2+(90-85)^2+(90-90)^2}{3-1}=25$

类 C_2:均值 $\bar{x}=\frac{125+100+70+120+60+220+75}{7}=110$,样本方差

$$\sigma^2=\frac{(125-110)^2+(110-100)^2+(110-70)^2+\ldots+(220-110)^2+(110-75)^2}{7-1}=2975,$$

利用正态分布的概率密度来计算在类 C_1、C_2 条件下,{年收入=120K}的条件概率:

$$P(年收入=120K|C_1)=\frac{1}{\sqrt{2\pi}\times 5}e^{-\frac{(120-90)^2}{2\times 25}}=1.22\times 10^{-9}$$

$$P(年收入=120K|C_2)=\frac{1}{\sqrt{2\pi}\times 54.54}e^{-\frac{(120-110)^2}{2\times 2975}}=0.0072$$

类条件概率 $P(X|C_1)=P(有房=是|C_1)\times P(婚姻状况=已婚|C_1)\times P(年收入=120K|C_1)=0$

$$P(X|C_2)=P(有房=是|C_2)\times P(婚姻状况=已婚|C_2)\times P(年收入=120K|C_2)$$

$$=\frac{3}{7}\times\frac{4}{7}\times 0.0072=0.0018$$

由 $P(X|C_1)P(C_1)=0$,$P(X|C_2)P(C_2)=0.0012$,可以得到 $P(C_1|X)<P(C_2|X)$

所以得到 $X=\{$有房=是,婚姻状况=已婚,年收入=120 K$\}$ 分类属性为:拖欠贷款=否

5.3.4 零条件概率的处理

上述例 5-6 例 5-7 分别介绍了在属性为离散和连续的情况下计算后验概率的方法,但其中有一个潜在的问题,若某一属性的类条件概率为零,则整个类的后验概率都为零。注意,当训练实例的数目小且属性的可能值数目又比较多的时候,样本数据不能覆盖,会出现零条件概率的情况,这样就无法对未知的数据进行分类。例如,例 5-7 中 $P(有房=是|C_1)=0$,若假设 $P(婚姻状况=离异|C_2)=0$ 而不是 $\frac{1}{7}$,则对新的数据 $X=\{$有房=是,婚姻状况

=离异,年收入=120K},会得到后验概率都是零,朴素贝叶斯则无法分类该数据了。

为了避免其他属性携带的信息被训练集中未出现的属性值"抹去",在估计概率值时通常进行"平滑",常用"拉普拉斯修正"(Laplacian correction),即

$$\hat{P}(C_i) = \frac{|D_{c_i}| + 1}{|D| + N} \tag{5-12}$$

$$\hat{P}(x_j | C_i) = \frac{|D_{c_i, x_j}| + 1}{|D_{c_i}| + N_j} \tag{5-13}$$

式中,$|D|$ 表示数据总样本,$|D_{c_i}|$ 表示 D 中 C_i 类的训练元组数,$|D_{c_i, x_j}|$ 表示 C_i 类中属性 A_j 的值为 x_j 的训练元组数,N 表示数据集中可能的类别标签值数目,N_j 表示属性 A_j 可能的取值数目。

在本节的例 5-4 中,先验概率按照拉普拉斯修正可估计为

$$\hat{P}(C_1 = 是) = \frac{3+1}{10+2} = \frac{1}{3}, \hat{P}(C_2 = 否) = \frac{7+1}{10+2} = \frac{2}{3}$$

条件概率由 0 概率按照拉普拉斯修正为

$$\hat{P}(有房 = 是 | C_1) = \frac{0+1}{3+2} = \frac{1}{5}, \hat{P}(有房 = 是 | C_2) = \frac{3+1}{7+2} = \frac{4}{9}$$

显然,拉普拉斯修正避免了因训练样本不充分而导致概率估计为零的问题,并且在训练集变大时,修正过程所引入的先验的影响也会逐渐变得可忽略,使得估值趋向于实际概率值。

5.4 支持向量机

支持向量机(Support Vector Machine,SVM)是在统计学的理论基础上最新发展起来的学习算法,是一种借助最优化方法解决机器学习问题的工具,也是数据挖掘中的一项技术。

支持向量机的第一篇论文由 Vladimir Vapnik 和他的同事 Bernhard Boser 及 Isabelle Guyon 于 1992 年发表,其基础工作早在 20 世纪 60 年代就已经出现(包括 Vapnik 和 Alexei Chervonenkis 关于统计学习理论的早期工作)。尽管最快的 SVM 的训练非常慢,但是由于其对复杂的非线性边界的建模能力是非常准确的,与其他模型相比,他们不太容易过分拟合。因此他一出现就在机器学习领域备受关注,并且很快就应用到了许多实际案例中,包括手写数字识别、对象识别、文本分类等。

SVM 基于结构风险最小化原则,训练实例中最难分类的一个子集来表示决策边界,它是一个判别模型,只受两类边界附近的训练实例的影响,而不是学习每个类的生成分布。为了解释 SVM 的基本思想,我们首先介绍最大间隔分离超平面的概念及基本原理,然后,描述在线性可分、线性不可分的数据上怎样训练一个 SVM,找出最大间隔分离超平面。

5.4.1 最大间隔分离超平面

假设一组数据集,包含两个类别,分别用方块和圆圈表示,如图 5-10 所示。

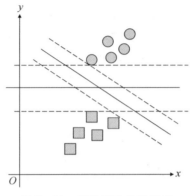

图 5-10 线性可分的数据集

由图 5-10 可以看出,这是一个线性可分的数据集,因为可以画一条直线,把方块和圆圈分开,可以画出无限多条分离直线,想找出"最好"的一条,即对元组具有最小分类误差的那一条。如何找到呢? 如果数据是三维的,希望找到的是最优分离平面,推广到 n 维,则希望找到最大间隔分离超平面,可以通过使用分离超平面的间隔最大化来实现,如图 5-11 所示。

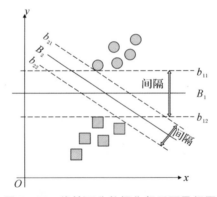

图 5-11 线性可分数据集超平面及间隔

在图 5-11 中,对于每一个分离超平面 B_i,分别有一对平行超平面 b_{i1} 和 b_{i2},使他们分别触到两个类最近的实例。例如,如果将 B_1 沿平行于它的方向移动,b_{11} 第一次触到圆圈停止移动,b_{12} 第一次触到方块停止移动。b_{i1} 和 b_{i2} 被称为 B_i 的间隔边界,并且他们之间的距离被称为分离超平面 B_i 的间隔。注意到 B_1 的间隔显著大于 B_2 的间隔,在这个例子中 B_1 就是具有最大间隔的分离超平面,称为最大间隔分离超平面。

为什么说 B_1 比 B_2 好呢,下面将给出最大间隔分离超平面的基本原理,可以从中找到答案。

具有较大间隔的超平面往往比具有较小间隔的超平面具有更好的泛化性能,直观上来讲,若间隔比较小,则超平面或位于边界的训练实例任何轻微的扰动都可能对分类性能产生显著的影响,因为同时远离属于两个类的训练实例的超平面具有充分的余地来对数据中的微小变化产生鲁棒性,并因此显示出优越的泛化性能。

5.4.2 线性可分支持向量机

线性可分 SVM 是寻找具有最大间隔的分离超平面的分类器,因此它也经常被称为最大间隔分类器。SVM 的基本思想描述如下:

考虑一个包含 n 个训练实例的二分类问题,每个样本表示为一个二元组 (x_i, y_i) $(i=1, 2, \cdots, n)$,其中 $x_i = (x_{i1}, x_{i2}, \cdots, x_{id})$ 对应于第 i 个样本的属性集,定义二元标签 $y_i \in \{1, -1\}$。通过间隔最大化或者等价地求解相应的凸二次规划问题学习得到的分离超平面为

$$w \cdot x + b = 0 \tag{5-14}$$

以及相应的分类决策函数

$$f(x) = sign(w \cdot x + b) \tag{5-15}$$

称为线性可分支持向量机。其中 $w = w(w_1, w_2, \cdots, w_d)$ 为法向量,决定了超平面的方向,b 为位移,决定了超平面到原点之间的距离,这样一个超平面就可以由 w 和 b 来决定了,记为 (w, b)。

间隔最大及相应的约束最优化问题将在下面叙述,这里先介绍如何求得间隔。

样本中任意一个点 x_i 到超平面 (w, b) 的距离可写为

$$\gamma_i = \frac{|w \cdot x_i + b|}{\|w\|} \tag{5-16}$$

假设超平面 (w, b) 能将训练实例正确的分类,令 $\forall (x_i, y_i)\ i \in (1, 2, 3, \cdots, n)$,若 $w \cdot x_i + b \geqslant 0$,则 $y_i = 1$;若 $w \cdot x_i + b < 0$,则 $y_i = -1$。由此我们可以看出如果我们分类正确就可得到下式

$$y_i(w \cdot x_i + b) \geqslant 0 \tag{5-17}$$

式(5-16)就可等价地表示为

$$\gamma_i = y_i \frac{(w \cdot x_i + b)}{\|w\|} \tag{5-18}$$

由式(5-18)就得到了几何间隔和函数间隔的定义。

1. 几何间隔

对于给定的训练数据集和超平面 (w, b),定义超平面 (w, b) 关于样本点 (x_i, y_i) 的几何间隔为

$$\gamma_i = y_i \left(\frac{w}{\|w\|} \cdot x_i + \frac{b}{\|w\|} \right) \tag{5-19}$$

定义该超平面所有样本点 (x_i, y_i) 的几何间隔的最小值为 $\gamma = \min\limits_{i=1,2,\cdots,n} \gamma_i$

如果令 $\hat{\gamma}_i = \gamma_i \times \|w\|$,就得到了函数间隔。

2. 函数间隔

对于给定的训练数据集和超平面 (w, b),定义超平面 (w, b) 关于样本点 (x_i, y_i) 的函数间隔为

$$\hat{\gamma}_i = y_i(w \cdot x_i + b) \tag{5-20}$$

定义该超平面所有样本点(x_i, y_i)的函数间隔的最小值,即$\hat{\gamma} = \min\limits_{i=1,2,\cdots,n} \hat{\gamma}_i$。

3. 间隔最大化

支持向量机学习的基本想法是求解能够正确划分训练数据集并且几何间隔最大的分离超平面。几何间隔最大的超平面意味着以充分大的确信度对训练数据进行分类,不仅将正负实例点分开,而且对最难分的实例点(离超平面最近的点)也有足够大的确信度将它们分开,这样的超平面对未知的数据有很好的分类预测能力。

对于线性可分的训练数据集而言,线性可分的分离超平面有无穷多个,但是几何间隔最大的分离超平面是唯一的。

求解几何间隔最大的分离超平面可以表示为下面的约束最优化问题:

$$\text{目标函数} \max_{w,b} \gamma \tag{5-21}$$

$$\text{约束条件} \; y_i \left(\frac{w}{\|w\|} \cdot x_i + \frac{b}{\|w\|} \right) \geq \gamma, i=1,2,\cdots,n \tag{5-22}$$

式(5-21)表示最大化超平面(w,b)关于训练数据集的最小几何间隔,式(5-22)表示的是超平面关于每个训练样本点的几何间隔至少是γ。

考虑到几何间隔和函数间隔的关系,可将以上问题转化为

$$\text{目标函数} \max_{w,b} \frac{\gamma}{\|w\|} \tag{5-23}$$

$$\text{约束条件} \; y_i(w \cdot x_i + b) \geq \gamma, i=1,2,\cdots,n \tag{5-24}$$

函数间隔$\hat{\gamma}$的取值并不影响最优化问题,假设w,b按比例变为$\beta w, \beta b$,其中$\beta > 0$,函数间隔也会变为$\beta \hat{\gamma}$,因此函数间隔的任意取值对最优化问题的目标函数和不等式约束都没有影响,这样我们就可以令$\hat{\gamma} = 1$,将$\hat{\gamma} = 1$代入上面的最优化问题,得到了目标函数为最大化$\frac{1}{\|w\|}$。如果注意到最大化$\frac{1}{\|w\|}$和最小化$\frac{1}{2}\|w\|^2$是等价地,于是可得线性可分支持向量机学习的最优化问题式为

$$\text{目标函数} \min_{w,b} \frac{1}{2} \|w\|^2 \tag{5-25}$$

$$\text{约束条件} \; y_i(w \cdot x_i + b) - 1 \geq 0, i=1,2,\cdots,n \tag{5-26}$$

这是一个凸二次规划问题。

如果求出了约束最优化问题的解w^*, b^*,那么就可以得到最大间隔分离超平面$w^* \cdot x + b^* = 0$,分类决策函数,即得到线性可分支持向量机模型。

在线性可分的情况下,训练数据集的样本点中距离最大间隔分离超平面最近的样本点的实例称为支持向量。支持向量是使约束条件式等号成立的点,即

$$y_i(w \cdot x_i + b) - 1 = 0$$

对 $y_i=+1$ 的样本点,支持向量在超平面 $H_1:w·x_i+b=1$

对 $y_i=-1$ 的样本点,支持向量在超平面 $H_2:w·x_i+b=-1$

在图 5-12 中 H_1,H_2 上的点就是支持向量。

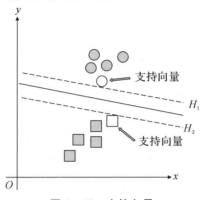

图 5-12 支持向量

注意 H_1,H_2 是平行的,并且没有实例点落在它们中间,最大间隔分离超平面与 H_1,H_2 平行且位于它们中间。H_1,H_2 之间的距离称为最大间隔,间隔依赖于分离超平面的法向量 w,等于 $\frac{2}{\|w\|}$,H_1,H_2 称为间隔边界。

在决定分离超平面时只有支持向量起作用,而其他实例点并不起作用。如果移动支持向量将改变所求的解;但是如果在间隔边界以外移动其他实例点,甚至去掉这些点,则解是不会改变的。由于支持向量在确定分离超平面中起着决定性作用,所以将这种分类模型称为支持向量机。支持向量的个数一般很少,所有支持向量机由很少的"重要的"训练样本确定。

4. 对偶算法

为了求解线性可分支持向量机的最优化问题式(5-25)~式(5-26),将它作为原始最优化问题,应用拉格朗日对偶性,通过求解对偶问题得到原始问题的最优解。

首先构建拉格朗日函数,对每一个约束引入一个拉格朗日乘子 $\alpha_i \geqslant 0, i=1,2,\cdots,n$,定义的拉格朗日函数为

$$L(w,b,\alpha)=\frac{1}{2}\|w\|^2-\sum_{i=1}^n \alpha_i(y_i(w·x_i+b)-1) \tag{5-27}$$

将式(5-27)分别对 w,b 求偏导并令其为 0,可得

$$\frac{\partial L}{\partial w}=w-\sum_{i=1}^n \alpha_i y_i x_i=0 \tag{5-28}$$

$$\frac{\partial L}{\partial b}=-\sum_{i=1}^n \alpha_i y_i=0 \tag{5-29}$$

进一步计算可得

$$w = \sum_{i=1}^{n} \alpha_i y_i x_i \tag{5-30}$$

$$\sum_{i=1}^{n} \alpha_i y_i = 0 \tag{5-31}$$

将(5-30)和式(5-31)代入拉格朗日函数式(5-27)中,可得

$$L(w,b,\alpha) = -\frac{1}{2} \sum_{i=1}^{n} \sum_{j=1}^{n} \alpha_i \alpha_j y_i y_j (x_i \cdot x_j) + \sum_{i=1}^{n} \alpha_i \tag{5-32}$$

根据拉格朗日对偶性,原始问题的最优解就转化为了对偶问题对 α 求极大。

目标函数:$\max_{\alpha} -\frac{1}{2} \sum_{i=1}^{n} \sum_{j=1}^{n} \alpha_i \alpha_j y_i y_j (x_i \cdot x_j) + \sum_{i=1}^{n} \alpha_i$

约束条件:$\sum_{i=1}^{n} \alpha_i y_i = 0, \alpha_i \geqslant 0, i=1,2,\ldots,n.$ \tag{5-33}

求解对偶问题式(5-33)最优解就得到了原始问题式(5-25)和式(5-26)最优解。

对线性可分的训练数据集,假设对偶问题式(5-33)最优解为 $\alpha^* = (\alpha_1, \alpha_2, \cdots, \alpha_n)$ 进一步,可以由 α^* 求得原始最优化问题的解 w^*, b^*。

最优解要满足 Karush-Kuhn-Tucker(KKT)条件,满足式(5-34)~式(5-36):

$$\alpha_i (y_i (w \cdot x_i + b) - 1) = 0 \tag{5-34}$$

$$y_i (w \cdot x_i + b) - 1 \geqslant 0 \tag{5-35}$$

$$\alpha_i \geqslant 0, i=1,2,\cdots,n \tag{5-36}$$

式(5-34)对应于以下两种情况:

(1) $\alpha_i = 0$

(2) $y_i (w \cdot x_i + b) - 1 = 0$

可以看出,若 $\alpha_i > 0$,则 $y_i(w \cdot x_i + b) - 1 = 0$,因此点 x_i 一定是支持向量。另一方面,若 $y_i(w \cdot x_i + b) - 1 > 0$,则 $\alpha_i = 0$,这说明点 x_i 不是支持向量。

如果知道了所有点的 α_i,就可以用式(5-30)计算出 w^*,如下式(在计算的过程中,只有 $\alpha_i > 0$ 在发挥作用)

$$w^* = \sum_{\alpha_i > 0} \alpha_i y_i x_i \tag{5-37}$$

为了计算 b^*,需要为每一个支持向量计算一个解 b_i^*,由 $y_i(w \cdot x_i + b) = 1$ 可得

$$b_i^* = \frac{1}{y_i} - w \cdot x_i = y_i - w^* \cdot x_i \tag{5-38}$$

b^* 可以看作所有支持向量对应的解的平均值:

$$b^* = avg\{b_i^*\} \tag{5-39}$$

至此,有了 w^* 和 b^* 我们就可以得到该训练数据集的最大间隔分离超平面和相应的分类决策函数,线性可分支持向量机模型构建完成。

第 5 章 分 类

【例 5-8】 以表 5-10 中的数据为例,计算最大间隔分离超平面。

表 5-10 训练数据

x_i	x_{i1}	x_{i2}	y_i
x_1	3.50	4.250	+1
x_2	4.00	3.00	+1
x_3	4.00	4.00	+1
x_4	4.50	1.75	+1
x_5	4.90	4.50	+1
x_6	5.00	4.00	+1
x_7	5.50	2.50	+1
x_8	5.50	3.50	+1
x_9	0.50	1.50	−1
x_{10}	1.00	2.50	−1
x_{11}	1.25	0.50	−1
x_{12}	1.50	1.50	−1
x_{13}	2.00	2.00	−1
x_{14}	2.50	0.75	−1

(1)求解对偶问题二次规划得到的拉格朗日乘子,如表 5-11 所示。

表 5-11 拉格朗日乘子 α_i 的值

x_i	x_{i1}	x_{i2}	y_i	α_i
x_1	3.50	4.25	+1	0.043 70
x_2	4.00	3.00	+1	0.021 62
x_3	4.00	4.00	+1	0.000 00
x_4	4.50	1.75	+1	0.142 70
x_5	4.90	4.50	+1	0.000 00
x_6	5.00	4.00	+1	0.000 00
x_7	5.50	2.50	+1	0.000 00
x_8	5.50	3.50	+1	0.000 00
x_9	0.50	1.50	−1	0.000 00
x_{10}	1.00	2.50	−1	0.000 00
x_{11}	1.25	0.50	−1	0.000 00
x_{12}	1.50	1.50	−1	0.000 00
x_{13}	2.00	2.00	−1	0.358 90
x_{14}	2.50	0.75	−1	0.043 70

由表 5-11 可以看到只有 $x_1, x_2, x_4, x_{13}, x_{14}$ 5 个点 $\alpha_i > 0$，它们是支持向量，利用公式 $w^* = \sum_{\alpha_i > 0} \alpha_i y_i x_i$ 求得

$$w^* = 0.043\ 7 \begin{bmatrix} 3.5 \\ 4.25 \end{bmatrix} + 0.216\ 2 \begin{bmatrix} 4 \\ 3 \end{bmatrix} + 0.142\ 7 \begin{bmatrix} 4.5 \\ 1.75 \end{bmatrix} - 0.358\ 9 \begin{bmatrix} 2 \\ 2 \end{bmatrix} - 0.043\ 7 \begin{bmatrix} 2.5 \\ 0.75 \end{bmatrix} = \begin{bmatrix} 0.833 \\ 0.334 \end{bmatrix}$$

（2）利用公式 $b_i^* = y_i - w \cdot x_i$ 和 b_i^* 的平均值可求得 b^*，如表 5-12 所示。

表 5-12 b 的计算结果

x_i	y_i	$w \cdot x_i$	$b_i = y_i - w \cdot x_i$
x_1	+1	4.332	-3.332
x_2	+1	4.331	-3.331
x_4	+1	4.331	-3.331
x_{13}	-1	2.333	-3.333
x_{14}	-1	2.332	-3.332
$b^* = \text{avg}\{b_i\}$			-3.332

因此，得到了最大间隔分离超平面为：$(0.833, 0.334) \cdot x - 3.332 = 0$。

5.4.3 线性不可分支持向量机

线性可分支持向量机的学习方法，对线性不可分训练数据集是不适应的，因为这时上述方法中的不等式约束并不能总成立，怎样把它扩展到线性不可分问题呢？线性不可分意味着某些样本点不能满足函数间隔大于等于 1 的约束条件，为了解决这个问题，我们引进一个松弛变量 ξ_i，使函数间隔加上松弛变量大于等于 1，这样，约束条件就变为

$$y_i(w \cdot x_i + b) \geqslant 1 - \xi_i \tag{5-40}$$

式中，$\xi_i \geqslant 0$ 是点 x_i 的松弛变量，表明这个点不符合线性可分条件的程度。松弛变量的值可以表示以下分类点，若 $\xi_i = 0$，则对应的点 x_i 距离超平面至少是 $\frac{1}{\|w\|}$；若 $0 < \xi_i < 1$，则该点位于间隔内并且分类正确的；若 $\xi_i > 1$，则该点分类错误，出现在超平面的另一侧，如图 5-13 所示。

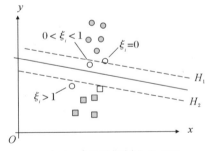

图 5-13 线性不可分数据集

在线性不可分的情况下,SVM 分类的目标是找到最大间隔并最小松弛变量的超平面,优化目标函数(原始问题)为

$$\text{目标函数} \quad \min_{w,b,\xi} \frac{1}{2} \|w\|^2 + C\sum_{i=1}^{n} \xi_i \tag{5-41}$$

$$\text{约束条件} \quad y_i(w \cdot x_i + b) \geqslant 1 - \xi_i \quad (i=1,2,3,\cdots,n) \tag{5-42}$$

式中,$\xi_i \geqslant 0 (i=1,2,3,\cdots,n)$,$\sum_{i=1}^{n} \xi_i$ 给出了误损,即对偏离线性可分情况的估计,C 表示误分类代价的常量,通常是根据经验选定,是一个正则化常量,用于权衡最大化间隔和最小化误损。

原始最优化问题的拉格朗日函数为

$$L(w,b,\xi,\alpha,\beta) = \frac{1}{2} \|w\|^2 + C\sum_{i=1}^{n} \xi_i - \sum_{i=1}^{n} \alpha_i(y_i(w \cdot x_i + b) - 1 + \xi_i) - \sum_{i=1}^{n} \beta_i \xi_i \tag{5-43}$$

式中,$\alpha_i \geqslant 0, \beta_i \geqslant 0$。

(1) 求 $L(w,b,\xi,\alpha,\beta)$ 对 w,b,ξ_i 的极小值,分别对 w,b,ξ_i 求偏导,并令偏导数等于 0。

$$\frac{\partial L}{\partial w} = w - \sum_{i=1}^{n} \alpha_i y_i x_i = 0 \tag{5-44}$$

$$\frac{\partial L}{\partial b} = -\sum_{i=1}^{n} \alpha_i y_i = 0 \tag{5-45}$$

$$\frac{\partial L}{\partial \xi_i} = C - \alpha_i - \beta_i = 0 \tag{5-46}$$

得

$$w = \sum_{i=1}^{n} \alpha_i y_i x_i \tag{5-47}$$

$$\sum_{i=1}^{n} \alpha_i y_i = 0 \tag{5-48}$$

$$C - \alpha_i - \beta_i = 0 \tag{5-49}$$

将式(5-47)~式(5-49)代入到式(5-43),可得

$$L(w,b,\xi,\alpha,\beta) = \frac{1}{2} w^T w - w^T \underbrace{\left(\sum_{i=1}^{n} \alpha_i y_i x_i\right)}_{w} - b \underbrace{\sum_{i=0}^{n} \alpha_i y_i}_{0} + \sum_{i=1}^{n} \alpha_i + \sum_{i=1}^{n} \underbrace{(C - \alpha_i - \beta_i)}_{0} \xi_i =$$

$$\sum_{i=1}^{n} \alpha_i - \frac{1}{2} \sum_{i=1}^{n} \sum_{j=1}^{n} \alpha_i \alpha_j y_i y_j (x_i \cdot x_j) \tag{5-50}$$

根据拉格朗日对偶性,原始问题的最优解就转化为了对偶问题对 α_i 求极大,则

$$\text{目标函数} \quad \max_{\alpha} \sum_{i=1}^{n} \alpha_i - \frac{1}{2} \sum_{i=1}^{n} \sum_{j=1}^{n} \alpha_i \alpha_j y_i y_j (x_i \cdot x_j) \tag{5-51}$$

$$\text{约束条件} \quad \sum_{i=1}^{n} \alpha_i y_i = 0, \ 0 \leqslant \alpha_i \leqslant C (i=1,2,3,\cdots,n) \tag{5-52}$$

注意，上式中目标函数与线性可分情况下的拉格朗日对偶函数相同，但是两者关于 α_i 的约束条件不同，现在要求 $\alpha_i+\beta_i=C$，同时 $\alpha_i \geqslant 0$ 且 $\beta_i \geqslant 0$，这说明 $0 \leqslant \alpha_i \leqslant C$，线性可分情况下要求 $\alpha_i \geqslant 0$ 即可。一旦求出 α_i，$\alpha_i=0$ 的点不是支持向量，只有 $\alpha_i>0$ 的点为支持向量。

由式(4-32)和式(4-34)可得 $w^* = \sum\limits_{\alpha_i>0} \alpha_i y_i x_i$，$\beta_i = C - \alpha_i$。

原始问题的最优解还要满足 Karush-Kuhn-Tucker(KKT)条件，满足式(5-53)～式(5-54)：

$$\alpha_i(y_i(w \cdot x_i + b) - 1 + \xi_i) = 0 \quad (5-53)$$

$$\beta_i \xi_i = 0 \quad (i=1,2,3,\cdots,n) \quad (5-54)$$

对于 $\alpha_i>0$ 的支持向量，式(5-54)有两种情况需要考虑：

(1) 若 $\xi_i>0$，则 $\beta_i=0$，即 $\alpha_i=C$；

(2) 若 $\beta_i>0$，即 $\alpha_i<C$，则有 $\xi_i=0$。

由以上分析可知，支持向量不仅包括间隔边界上的点($\xi_i=0$)还包括被正确分类但位于间隔中间的点($0<\xi_i<1$)和分类错误，出现在超平面另一侧的点($\xi_i>1$)，利用间隔边界上的支持向量，即 $0<\alpha_i<C$ 和 $\xi_i=0$，可以求出：

$$b_i{}^* = \frac{1}{y_i} - w \cdot x_i = y_i - w^* \cdot x_i \quad (5-55)$$

式中，b^* 可以看作所有支持向量对应的解的平均值：$b^* = avg\{b_i{}^*\}$

至此，有了 w^* 和 b^*，就可以得到该训练数据集的最大间隔分离超平面和相应的分类决策函数，线性可分支持向量机模型构建完成。

【例 5-9】 考虑例 5-8 中的数据表，再新增 4 个新的点，如表 5-13 所示：

表 5-13　新增训练数据

x_i	x_{i1}	x_{i2}	y_i
x_{15}	4	2	+1
x_{16}	2	3	+1
x_{17}	3	2	-1
x_{18}	5	3	-1

令 $k=1$ 且 $C=1$，求解对偶问题我们得到如表 5-14 所示的支持向量和拉格朗日乘子 α_i：

表 5-14　拉格朗日乘子 α_i

x_i	x_{i1}	x_{i2}	y_i	α_i
x_1	3.5	4.25	+1	0.043 70
x_2	4.0	3.00	+1	0.021 62
x_3	4.0	4.00	+1	0.000 00
x_4	4.5	1.75	+1	0.142 70
x_5	4.9	4.50	+1	0.000 00
x_6	5.0	4.00	+1	0.000 00

续表

x_i	x_{i1}	x_{i2}	y_i	α_i
x_7	5.50	2.50	+1	0.000 00
x_8	5.50	3.50	+1	0.000 00
x_9	0.50	1.50	−1	0.000 00
x_{10}	1.00	2.50	−1	0.000 00
x_{11}	1.25	0.50	−1	0.000 00
x_{12}	1.50	1.50	−1	0.000 00
x_{13}	2.00	2.00	−1	0.358 90
x_{14}	2.50	0.75	−1	0.043 70
x_{15}	4.00	2.00	+1	1.000 00
x_{16}	2.00	3.00	+1	1.000 00
x_{17}	3.00	2.00	−1	1.000 00
x_{18}	5.00	3.00	−1	1.000 00

利用公式 $w^* = \sum_{\alpha_i > 0} \alpha_i y_i x_i$ 求得

$$w^* = 0.027\,1 \begin{pmatrix} 3.5 \\ 4.25 \end{pmatrix} + 0.216\,2 \begin{pmatrix} 4 \\ 3 \end{pmatrix} + 0.992\,8 \begin{pmatrix} 4.5 \\ 1.75 \end{pmatrix} - 0.992\,8 \begin{pmatrix} 2 \\ 2 \end{pmatrix} - 0.243\,4 \begin{pmatrix} 2.5 \\ 0.75 \end{pmatrix} + \begin{pmatrix} 4 \\ 2 \end{pmatrix} + \begin{pmatrix} 2 \\ 3 \end{pmatrix} - \begin{pmatrix} 3 \\ 2 \end{pmatrix} - \begin{pmatrix} 5 \\ 3 \end{pmatrix} = \begin{pmatrix} 0.834 \\ 0.333 \end{pmatrix}$$

利用公式 $b_i^* = y_i - w^* \cdot x_i$ 和 b_i^* 的平均值可求得 b^*，但是注意，这些支持向量要满足 $\xi_i = 0$ 和 $0 < \alpha_i < C$，所以不计算 $\alpha_i = 1$ 的支持向量的 b_i，利用公式 $b_i^* = y_i - w^* \cdot x_i$ 和 b_i^* 的平均值可求得 b^* 如表 5-15 所示。

表 5-15 b 的计算结果

x_i	y_i	$w^* \cdot x_i$	$b_i^* = y_i - w^* \cdot x_i$
x_1	+1	4.334	−3.334
x_2	+1	4.334	−3.334
x_4	+1	4.334	−3.334
x_{13}	−1	2.334	−3.334
x_{14}	−1	2.334	−3.334
$b^* = avg\{b_i\}$			−3.334

因此，得到最优分离超平面 $(0.834, 0.333) \cdot x - 3.334 = 0$。

5.5 人工神经网络

神经网络的研究起源于对生物神经元的研究。人的大脑中有很多神经元细胞，每个神经元都伸展出一些短而逐渐变细的分支（树突）和一根长的纤维（轴突），如图 5-14 所示。

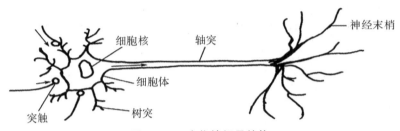

图 5-14 生物神经元结构

其中，树突可以接受刺激并将兴奋转入神经细胞体，每个神经元可以有一个或者多个树突。而轴突则可以把自身的兴奋状态从细胞体传送到另一个神经元或其他组织，每个神经元只有一个轴突。一个神经元可被视为一种只有两种状态的细胞，即兴奋和抑制。其状态取决于从其他神经细胞收到输入的信号量及突触的强度。由图 5-14 可以看出，一个神经元通过树突从其他神经元接收信号，并把它们汇集起来。只有当接收到的信号足够强的时候，当信号量总和超过某个阈值时，细胞体就会兴奋，产生电脉冲，也就是一个新的信号，并沿着轴突将这一信号传递给其他神经元。正是这上百亿个神经元，才构成了高度复杂的、非线性的、能够并行处理的人体神经网络。

在人脑的神经网络中，单个神经元本身并不重要，重要的是神经元如何组成网络。这是因为不同神经元之间的突触有强有弱，而其强度可以通过学习和训练来不断改变的，具有一定可塑性。

人工神经网络是从生物神经网络的研究成果中获得启发，为了模拟人脑神经网络而设计的一种计算模型，它从结构、实现机理和功能上模拟人脑神经网络。人工神经网络与生物神经元类似，由多个节点互相连接而成，从而对数据之间的复杂关系进行建模。通过模仿不同神经元之间突触的强弱，给不同节点之间的链接赋予不同的权重，使用权重代表一个节点对另一个节点的影响大小。

5.5.1 感知器

人工神经元（感知器）的典型结构如图 5-15 所示，以模拟生物神经元的活动。$I_1, I_2, \cdots I_s$ 为输入信号，类似于人脑神经元的树突，他们按照连接权重 $w_{1j}, w_{2j}, \cdots, w_{sj}$ 通过神经元内的组合函数 $\sum_j (\cdot)$ 组合成 u_j，再通过神经元内的激活函数 $f_{Aj}(\cdot)$ 得到输出 O_j，沿轴突传递给其他神经元。可以看出，人工神经元的结构与人脑神经元是相似的。而激活函数则是用来判断输入加和是否超过神经元的阈值，因此它在神经元中非常重要。

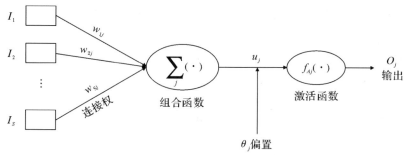

图 5-15 感知器结构

下述介绍一下人工神经元中的两个函数。

(1) 组合函数。组合函数简单地将感知器的输入,通过结构上的连接或关联关系,按照各连接的连接权数进行加权求和组合。由于考虑到组合函数的输出范围可能会需要一定的线性调整,从而避免输出值过大或过小以符合激活函数的输入范围,因此,需要对组合函数的结果设置一个偏置量。组合函数可以表示为线性组合表达式,则有

$$u_j = \sum_i w_{ij} \cdot I_i + \theta_j \tag{5-56}$$

(2) 激活函数。在人脑神经网络中,不是每个神经元都会全程参与信息的传递和处理。在某一时刻,只有那些被"激活"的神经元,才构成那一时刻的动态的信息处理系统。与其类似的,人工神经网络沿用了这一概念,在每个感知器中设置了一个用数字函数表达的元素,我们称之为激活函数。通过使用激活函数给神经元引入非线性因素后,使神经网络可以任意逼近任何非线性函数,以应用到众多的非线性模型中,有

$$O_j = f_{A_j}(u_j) \tag{5-57}$$

激活函数在人工神经元中非常重要,为了增强网络的表示能力和学习能力,激活函数需要具备以下几点性质:①连续并可导的非线性函数。可导的激活函数可以直接利用数值优化的方法来学习网络参数。②激活函数及其导数需要尽可能的简单,从而有利于提高计算的效率。③激活函数的导函数值域要在一个合适的范围区间内,不能过大或过小,否则会影响训练的效率和稳定性。

下述介绍几种常见的激活函数:

1) Sigmoid 函数(Logistic 函数)。函数公式为 $f(x) = \dfrac{1}{1+e^{-x}}$,Logistic 函数的优点是其输出映射在区间(0,1)内,输出范围有限,且单调连续,易于求导,优化效果稳定,适合用于输出层感知器的激活函数。Logistic 函数是两端饱和函数,即对于函数 $f(x)$,如果 $x \to -\infty$ 时,其导数 $f'(x) \to 0$,则称其为左饱和。若 $x \to +\infty$ 时,其导数 $f'(x) \to 0$,则称为右饱和。当同时满足左、右饱和时,就称为两端饱和。

Logistic 函数可以被看成是一个"压缩"函数,把一个实数域的输入"压缩"到(0,1)。当输入值在 0 附近时,Sigmoid 型函数近似为线性函数;当输入值靠近两端时,对输入进行抑制。输入值越小,输出越接近于 0;输入值越大,则越接近于 1。

Logistic 函数的缺点是其具有的饱和性,容易产生梯度消失,从而导致训练失效。另外,其输出并不是以 0 为中心。

在作为激活函数应用时,需要对该函数求导,求导后的函数可表示为

$$f'(x)=\frac{e^{-x}}{1+e^{-x}}=f(x)[1-f(x)] \tag{5-58}$$

Logistic 函数及其导数的图形如图 5-16 所示:

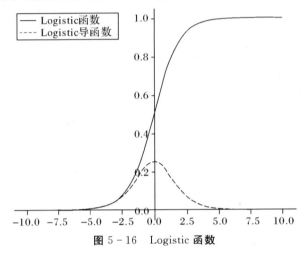

图 5-16 Logistic 函数

2)tanh 函数(双曲正切函数)。tanh 函数定义为

$$f(x)=\tanh(x)=\frac{e^x-e^{-x}}{e^x+e^{-x}} \tag{5-59}$$

将 sigmoid 函数带入后,可得

$$\tanh(x)=2 \cdot \text{sigmoid}(2x)-1 \tag{5-60}$$

tanh 函数及其导数的图形如图 5-17 所示。

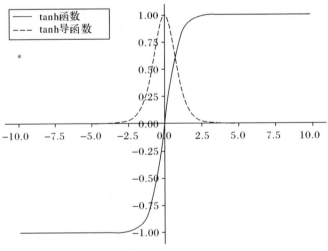

图 5-17 tanh 函数

tanh 函数可以看作放大并平移的 Logistic 函数它的取值范围为[-1,1]。tanh 函数在特征相差明显时的应用效果较好,在人工神经网络的循环训练过程中会不断扩大特征效果。与 sigmoid 函数的区别是,tanh 函数是零均值的,因此实际应用中 tanh 函数会比 sigmoid 函数有更强的应用性。tanh 函数同样具有饱和性,也会造成梯度消失。

3) ReLU 函数。ReLU 函数可表示为

$$f(x)=\begin{cases} x, x \geqslant 0 \\ 0, x < 0 \end{cases} \text{ 或 } f(x)=\max\{0,x\} \tag{5-61}$$

其函数及导数图形如图 5-18 所示

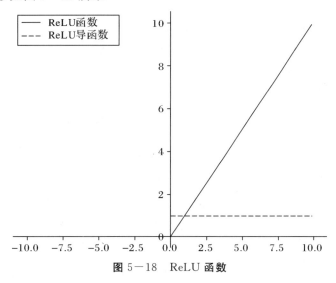

图 5-18 ReLU 函数

采用 ReLU 的神经元只需要进行加、乘和比较的操作,计算上更加高效。ReLU 函数用于某些算法(如随机梯度下降)时,较 sigmoid 函数或 tanh 函数具有较快的收敛速度。当 $x<0$ 时,ReLU 硬饱和,而当 $x>0$ 时,则不存在饱和问题。所以,ReLU 函数能够在 $x>0$ 时保持梯度不衰减,从而缓解了神经网络的梯度消失问题,应用时可以直接以监督的方式训练深度神经网络,而不必依赖无监督的逐层预训练。

但是,随着训练的推进,部分输入会落入硬饱和区,导致对应权重无法更新。ReLU 函数的输出是非零中心化的,会给后一层神经网络引入偏置偏移,影响梯度下降的效率。与 sigmoid 函数类似,ReLU 函数的输出均值也大于零,偏移现象和神经元死亡会共同影响网络的收敛性。

针对 ReLU 存在的缺陷,对于 $x<0$ 的部分进行调整,从而得到几类新的激活函数,例如:Leaky ReLU、参数化 ReLU、随机化 ReLU、ELU 等。

5.5.2 多层结构

多层神经网络将感知器的基本概念推广到结点更多、更复杂的架构中,并通过模仿人体

神经网络系统进行抽象建模,这种架构能够学习非线性决策边界。多层神经网络的通用架构如图 5-19 所示,将其中的结点按层进行排列。这些层通常以链的形式进行组织,每一层都基于其上一层的输出结果上进行操作。

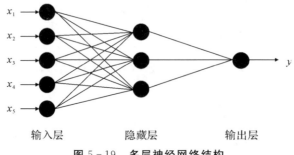

图 5-19 多层神经网络结构

当把人工神经网络看作一个图时,其中的处理单元可以被看作结点(Node),处理单元之间的连接则被看作边(Edge)。边表示的是各处理单元间的关联关系,边的权值则代表了这种关联关系的强弱,并以此来表示信息传递和处理的方法。这种形态和处理机制与人脑的神经网络系统相似,是一种模拟人脑思维的计算模型。

对于多层人工神经网络,给定一组带监督的训练数据集$(x_1, x_2, \cdots x_i, y)$(其中 y 为分类属性),则可以使用这组数据对如图所示的神经网络系统进行训练,不断调整各个结点间的连接权值 w,使系统输出O_t逼近分类属性,从而构建出一个符合训练数据集数据特性的分类模型。

人工神经网络的复杂程度与网络的层数和每层的处理单元有关。按照层级关系,整个网络拓扑结构可以分为输入层、输出层和隐藏层(可以没有隐藏层)。

(1)输入层:网络的第一层称为输入层,用于表示来自属性的输入。而位于输入层的结点称为输入结点(或输入单元),负责接收和处理样本数据集中各输入变量的数值。输入结点的个数由样本数据的属性维度决定。输入的信息称为输入向量。

(2)输出层:最后一层称为输出层,用来处理来自前一层的激活值,以产生输出变量的预测值。位于输出层的结点称为输出结点(或输出单元),负责实现系统处理结果的输出。输出的信息称为输出向量。

在进行分类预测时,输出结点的个数通常取决于样本分类个数。对于二分类(即 Flag 型),输出层包含表示二元分类标签的单个结点,并通过取值 0 或 1 来表示分类结果。对于多分类型(即 Set 型,n 个类型),则输出结点的个数可以为$\log_2 n$,并且各输出结点取值为二进制的 0 或 1。对于输出变量为数值型的变量,则输出结点数量为 1。

(3)隐藏层:多层神经网络和感知器之间的主要区别是,输入层和输出层之间众多神经元和链接组成的各个层面的隐藏层,它能够实现人工神经网络的计算和非线性特性,从而大大提高了它们表示任意复杂边界的能力。隐藏层可以有多层,层数的多少视对网络的非线性要求以及功能和性能的要求而定。位于隐藏层的结点称为隐藏结点,它们位于输入和输出单元之间,无法从系统外部观察到。隐藏层的结点数目越多,神经网络的非线性就越显著,鲁棒性就越强。习惯上选择输入节点1.2~1.5倍设立隐藏层结点。

人工神经网络工作时,各个自变量会通过输入层的神经元输入到网络。接着输入层的各个神经元会和第一层隐藏层的各神经元连接,后续每一层的神经元再和下一层隐藏层或输出层的各个神经元连接。输入的自变量通过各层的神经元进行转换后,最终在输出层形成输出值作为响应变量的预测值。

可以使用人工神经网络,对训练数据集进行学习,并将学习到的"知识"存储在每个感知器中,从而建立起一个分析与处理的模型。再利用这个经过学习的人工智能网络模型时,就可以对未知数据进行分析、处理和判断,从而得到有用的预测结果。

5.5.3 误差反向传播算法

在进行算法学习之前,我们首先来看一下神经网络中的参数和变量。我们假设在神经网络中,输入为x_1,x_2,x_3时,神经单元将它们加权整合为加权输入z,并通过激活函数$a(z)$来处理,可表示为

$$a_1 = a(z_1) \tag{5-62}$$

式中,$z_1 = w_1 x_1 + w_2 x_2 + w_3 x_3 + b$($w_1,w_2,w_3$为权重,$b$为偏置),权重$w_1,w_2,w_3$和偏置$b$为参数,输入$x_1$、$x_2$、$x_3$,加强输入$z_1$,神经单元输出$a_1$为变量,变量值根据学习数据的学习实例而变化。以上描述仅针对单个神经单元中的参数和变量,当要描述多层神经网络时,其表示变量和参数,如表5-16所示。

表 5-16 变量和参数

符 号	含 义
x_i	表示输入层(层1)的第i个神经单元的输入变量。由于输入层神经单元的输入和输出为同一值,因此也是表示输出的变量。这个变量也作为神经单元的名称使用
w_{ji}^l	从层$l-1$的第i个神经单元指向层l的第j个神经单元的箭头的权重。这里需要注意i和j的顺序
z_j^l	表示层l的第j个神经单元的加权输入的变量
b_j^l	表示层l的第j个神经单元的偏置
a_j^l	表示层l的第j个神经单元的输出变量。这个变量也作为神经单元的名称使用

假设现在有一个用于识别手写数字0,1的神经网络,输入为4×4像素的图像,学习数据为100张图像,图5-20为神经网络。

现在希望输出层的第一个神经单元a_1^3对手写数字0产生较强反应,第二个神经单元a_2^3对手写数字1产生较强反应。即当识别图像为0时,a_1^3输出接近1的值,a_2^3输出接近0的值;而当识别图像为1时,a_1^3输出接近0的值,a_2^3输出接近1的值。也就是说,该神经网络输出变量有2个,分别为a_1^3和a_2^3。

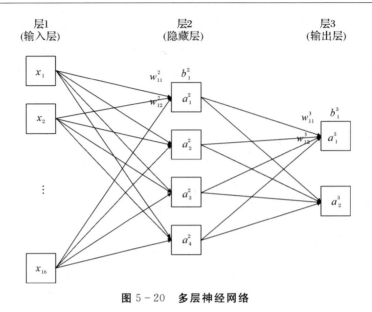

图 5-20 多层神经网络

假设正确的解为两个变量 t_1 和 t_2，分别对应输出层的 2 个神经单元，与输出层神经单元表达含义相对应：如果图像为 0 时，t_1 为 1，t_2 为 0；如果图像为 1 时，t_1 为 0，t_2 为 1。我们可以通过下式计算神经网络算出的预测值与正确解的平方误差：

$$C = \frac{1}{2}\{(t_1 - a_1^3)^2 + (t_2 - a_2^3)^2\} \tag{5-63}$$

以第 k 张图像作为学习实例输入时，将平方误差 C 记为 C_k，则

$$C_k = \frac{1}{2}\{(t_1[k] - a_1^3[k])^2 + (t_2[k] - a_2^3[k])^2\} \tag{5-64}$$

对于全部的学习数据，将平方误差相加，得到代价函数 C_T，则有

$$C_T = C_1 + C_2 + \cdots + C_{100} \tag{5-65}$$

下一步是计算使得代价函数 C_T 达到最小的参数，包括各神经单元的权重值和偏置值。要求出函数的最小值，通常利用最小值条件。例如，要求出光滑函数 $z = f(x, y)$ 的最小值，需要考虑方程：

$$\frac{\partial f}{\partial x} = 0, \frac{\partial f}{\partial y} = 0 \tag{5-66}$$

在神经网络中，代价函数相当于上式中的函数 f，权重和偏置相当于变量 x, y。由于权重和偏置的数量非常大，而且代价函数中包含了激活函数，所以求解偏导公式这样的方程是十分困难的。

对于函数求导，通常使用的方式是梯度下降法。如果把函数图像看作斜坡，沿着坡度最陡的方向一步一步地下降，使用数学表达这种描述，就是梯度下降法。对于光滑函数 $f(x_1, x_2, \cdots, x_n)$，使各变量分别作微小变化，则有

$$x_1 + \Delta x_1, x_2 + \Delta x_2, \cdots, x_n + \Delta x_n \tag{5-67}$$

第 5 章 分　　类

如以下关系成立时，函数 f 减小得最快，则有

$$(\Delta x_1, \Delta x_2, \cdots, \Delta x_n) = -\eta \left(\frac{\partial f}{\partial x_1}, \frac{\partial f}{\partial x_2}, \cdots, \frac{\partial f}{\partial x_n} \right) \quad (5-68)$$

式中，η 是为正的微笑常数，称为学习率，而称 $\left(\frac{\partial f}{\partial x_1}, \frac{\partial f}{\partial x_2}, \cdots, \frac{\partial f}{\partial x_n} \right)$ 为函数 f 的梯度。在神经网络中，可得

$$(\Delta w_{11}^2, \cdots, \Delta w_{11}^3, \cdots, \Delta b_1^2, \cdots, \Delta b_1^3) = -\eta \left(\frac{\partial C_T}{\partial w_{11}^2}, \cdots, \frac{\partial C_T}{\partial w_{11}^3}, \cdots, \frac{\partial C_T}{\partial b_1^2}, \cdots, \frac{\partial C_T}{\partial b_1^2} \right)$$

$$(5-69)$$

通过式(5-69)，可以使用计算机进行计算，寻找使 C_T 取得最小值的权重和偏置。然而对于神经网络中变量、参数和函数都极为复杂的情况，计算过于复杂以致无法使用梯度下降法，于是就出现了误差反向传播法，它的特点是：将繁杂的导数计算替换为数列的递推关系式。而提供这些关系式的就是名为神经单元误差的变量 δ_j^l，其定义为

$$\delta_j^l = \frac{\partial C}{\partial z_j^l} \quad (l=2,3\cdots) \quad (5-70)$$

式中，δ_j^l 表示的是神经单元的加权输入 z_j^l 给平方误差带来的变化率。

如果神经网络符合学习数据，根据最小值条件，变化率应该为 0。也就是说，如果神经网络符合数据，神经单元误差 δ_j^l 也为 0。可以认为 δ_j^l 表示与符合数据的理想状态的偏差，这个偏差表示为"误差"。

【例 5-10】 使用 δ_j^l 来表示 $\frac{\partial C}{\partial w_{11}^2}$。

解：根据偏导数的链式法则，有

$$\frac{\partial C}{\partial w_{11}^2} = \frac{\partial C}{\partial z_1^2} \frac{\partial z_1^2}{\partial w_{11}^2} \quad (5-71)$$

根据前式，可得以下变量关系式：

$$z_1^2 = w_{11}^2 x_1 + w_{12}^2 x_2 + \cdots + w_{116}^2 x_{16} + b_1^2 \quad (5-72)$$

根据上述关系式，可得

$$\frac{\partial z_1^2}{\partial w_{11}^2} = x_1 \quad (5-73)$$

根据 δ_1^2 的定义式以及式(5-71)~式(5-73)，可得

$$\frac{\partial C}{\partial w_{11}^2} = \delta_1^2 x_1 \quad (5-74)$$

由于在输入层中，输入与输出相同，利用变量名 a_j^l 的约定，将输入和输出表示为

$$x_1 = a_1^1 \quad (5-75)$$

即

$$\frac{\partial C}{\partial w_{11}^2} = \delta_1^2 a_1^1 \quad (5-76)$$

同样的，平方误差式关于 b_1^2，b_1^2 的偏导数可以表示为

$$\frac{\partial C}{\partial b_1^2}=\frac{\partial C}{\partial z_1^2}\frac{\partial z_1^2}{\partial b_1^2}=\delta_1^2,\frac{\partial C}{\partial b_1^3}=\frac{\partial C}{\partial z_1^3}\frac{\partial z_1^3}{\partial b_1^3}=\delta_1^3 \qquad (5-77)$$

据此,可得一般公式为

$$\frac{\partial C}{\partial w_{ji}^l}=\delta_j^l a_i^{l-1},\frac{\partial C}{\partial b_j^l}=\delta_j^l \ (l=2,3\cdots) \qquad (5-78)$$

这样,δ_j^l 与平方误差 C 关于权重和偏置的偏导数就建立起了关系。如果神经单元的 δ_j^l 能求出来,那么使用梯度下降法的计算所必须的平方误差的偏导数也能求出来。

先试着计算输出层神经单元的误差,也相当于数列 $\{\delta_j^l\}$ 末项的误差,在上述例题中为 $\delta_j^3(j=1,2)$。以 $a(z)$ 为激活函数,根据链式法,则有

$$\delta_j^3=\frac{\partial C}{\partial z_j^3}=\frac{\partial C}{\partial a_j^3}\frac{\partial a_j^3}{\partial z_j^3}=\frac{\partial C}{\partial a_j^3}a'(z_j^3) \qquad (5-79)$$

如果给出平方误差 C 和激活函数,就可以具体地求出相当于"末项"的输出层神经单元误差 δ_j^3。使用 L 作为输出层的编号,就可以将上式一般化,可得

$$\delta_j^L=\frac{\partial C}{\partial a_j^L}a'(z_j^L) \qquad (5-80)$$

【例 5-11】:计算 δ_1^3

解: 先计算平方误差 C,则有

$$C=\frac{1}{2}\{(t_1-a_1^3)^2+(t_2-a_2^3)^2\} \qquad (5-81)$$

可得

$$\frac{\partial C}{\partial a_1^3}=a_1^3-t_1 \qquad (5-82)$$

将 $a_1^3-t_1$ 代入 δ_j^3 计算公式,可得

$$\delta_1^3=(a_1^3-t_1)a'(z_1^3) \qquad (5-83)$$

同样的,第二层的神经单元误差 δ_1^2 的计算,根据链式法则有

$$\delta_1^2=\frac{\partial C}{\partial z_1^2}=\frac{\partial C}{\partial z_1^3}\frac{\partial z_1^3}{\partial a_1^2}\frac{\partial a_1^2}{\partial z_1^2}+\frac{\partial C}{\partial z_2^3}\frac{\partial z_2^3}{\partial a_1^2}\frac{\partial a_1^2}{\partial z_1^2} \qquad (5-84)$$

根据 δ_1^3、δ_1^3 的定义式,有

$$\frac{\partial C}{\partial z_1^3}=\delta_1^3,\frac{\partial C}{\partial z_2^3}=\delta_2^3 \qquad (5-85)$$

此外,根据 z_j^3 和 a_i^2 的关系式,有

$$\frac{\partial z_1^3}{\partial a_1^2}=w_{11}^3,\frac{\partial z_2^3}{\partial a_1^2}=w_{21}^3 \qquad (5-86)$$

再利用激活函数 $a(z)$,有

$$\frac{\partial a_1^2}{\partial z_1^2}=a'(z_1^2) \qquad (5-87)$$

将式(5-87)代入式(5-84),可得

$$\delta_1^2=\delta_1^3 w_{11}^3 a'(z_1^2)+\delta_2^3 w_{21}^3 a'(z_1^2)=(\delta_1^3 w_{11}^3+\delta_2^3 w_{21}^3)a'(z_1^2) \qquad (5-88)$$

对于 δ_1^2、δ_3^2、δ_4^2 等其余第二层神经单元误差，可以得到相同的关系式，我们由此可以得到第二层神经单元误差的一般公式为

$$\delta_j^2 = (\delta_1^3 w_{1j}^3 + \delta_2^3 w_{2j}^3)a'(z_j^2) \quad (j=1,2,3,4) \tag{5-89}$$

假设第 $l+1$ 层的神经单元个数为 m，则可以将关系式推广为层 l 与其下一层 $l+1$ 的一般关系式：

$$\delta_j^l = (\delta_1^{l+1} w_{1j}^{l+1} + \delta_2^{l+1} w_{2j}^{l+1} + \cdots + \delta_m^{l+1} w_{mj}^{l+1})a'(z_j^l) \tag{5-90}$$

观察公式 $\delta_j^2 = (\delta_1^3 w_{1j}^3 + \delta_2^3 w_{2j}^3)a'(z_j^2)$，第三层 δ_1^3 和 δ_2^3 可以通过公式 $\delta_1^3 = (a_1^3 - t_1)a'(z_1^3)$ 和 $\delta_2^3 = (a_2^3 - t_2)a'(z_2^3)$，而不需要再进行导数计算，也可以求出第二层的 δ_j^2 值，这就是误差方向传播算法。我们只需要求出输出层的神经单元误差，其他的神经单元误差就不需要进行偏导数计算。

把神经单元误差看作一个数列的时候，需要首先求出数列的末项，按照层编号从高到低的方向来确定值的，这与数列的递推关系方向是相反的，这就是反向传播中"反向"一词的由来。

5.6 最近邻分类算法

最近邻（Nearest Neighbors）分类算法是最简单易懂的机器学习算法。该算法的思想是：一个样本与数据集中的 k 个样本最相似，如果这 k 个样本中的大多数属于某一个类别，则该样本也属于这个类别。最近邻分类器将每个样本表示为 d 维空间中的数据点（其中 d 是属性数目）。k 近邻法实际上利用训练数据集对特征向量空间进行划分，并作为其分类的"模型"。k 值的选择、距离度量及分类决策规则是 k 近邻法的 3 个基本要素。

5.6.1 算法描述

k 近邻算法的输入包含两部分，即训练数据集和待分类的实例特征向量。

训练数据集可以表示为

$$T = \{(x_1, y_1), (x_2, y_2), \cdots, (x_N, y_N)\} \tag{5-91}$$

式中，$x_i \in X \subseteq R^n$ 为实例的特征向量，$y_i \in Y = \{c_1, c_2, \cdots, c_K\}$ 为实例的类别，$i=1,2,\cdots,N$；

待分类的实例特征向量 x；

算法的输出为实例 x 所属的类 y。

根据给定的距离变量，在训练集 T 中找出与 x 最近邻的 k 个点，涵盖这 k 个点的 x 的邻域记作 $N_k(x)$；在 $N_k(x)$ 中根据分类决策规则（如多数表决方法）决定 x 的类别 y，有

$$y = \arg\max_{c_j} \sum_{x_i \in N_k(x)} I(y_i = c_j), \quad i=1,2,\cdots,N; j=1,2,\cdots,K \tag{5-92}$$

式中，I 为指数函数，即当 $y_i = c_j$ 时 I 为 1，否则 I 为 0。简单来说，就是找出 $N_k(x)$ 中出现次数最多的类。

k 近邻法的特殊情况是 $k=1$ 的情形，称为最近邻算法。对于输入的实例点（特征向量）

x,最近邻法将训练数据集中与 x 最近邻点的类作为 x 的类。

在分类时,对新的实例,根据其 k 个最近邻的训练实例的类别,通过多数表决等方式进行预测。因此,k 近邻法不具有显式的学习过程。

5.6.2 距离度量

通常使用特征空间中两个实例点的距离来反映实例点相似程度,k 近邻模型的特征空间一般是 n 维实数向量空间 R^n。可以用 L_p 距离(L_p distance)或 Minkowski 距离(Minkowski distance)对其进行表示。

设特征空间 X 是 n 维实数向量空间 R^n,$x_i, x_j \in X$,$x_i = (x_i^{(1)}, x_i^{(2)}, \cdots, x_i^{(n)})^T$,$x_j = (x_j^{(1)}, x_j^{(2)}, \cdots, x_j^{(n)})^T$,$x_i, x_j$ 的 L_p 距离则定义为

$$L_p(x_i, x_j) = \left(\sum_{l=1}^{n} |x_i^{(l)} - x_j^{(l)}|^p \right)^{\frac{1}{p}} \tag{5-93}$$

当 $p=2$ 时,称为欧氏距离(Euclidean distance),即

$$L_2(x_i, x_j) = \left(\sum_{l=1}^{n} |x_i^{(l)} - x_j^{(l)}|^2 \right)^{\frac{1}{2}} \tag{5-94}$$

当 $p=1$ 时,称为曼哈顿距离(Manhattan distance),即

$$L_1(x_i, x_j) = \sum_{l=1}^{n} |x_i^{(l)} - x_j^{(l)}| \tag{5-95}$$

当 $p=\infty$ 时,它是各个坐标距离的最大值,即

$$L_\infty(x_i, x_j) = \max_l |x_i^{(l)} - x_j^{(l)}| \tag{5-96}$$

有不同的距离度量所确定的最近邻点是不同的,见下列。

【例 5-12】 已知二维空间的 3 个点 $x_1 = (1,1)^T, x_2 = (6,1)^T, x_3 = (5,4)^T$,试求在 p 取不同值时,L_p 距离下 x_1 的最近邻点。

解:因为 x_1 和 x_2 第二维的值不同,所以依据 L_p 公式,无论 p 为任何值时,$L_p(x_1, x_2) = 5$。而 $L_1(x_1, x_3) = 7, L_2(x_1, x_3) = 5, L_3(x_1, x_3) = 4.5, L_4(x_1, x_3) = 4.31$

于是得到:p 等于 1 时,x_2 是 x_1 的最近邻点;p 等于 2 时,x_2 和 x_3 与 x_1 的距离相同;p 大于等于 3 时,x_3 是 x_1 的最近邻点。

由于距离计算过程中未考虑数值的单位,可能出现较大值淹没较小值的问题。因此,我们通常会先将各个分量都"标准化"到均值、方差相等。例如,如果属性 A 的最小值是 min,最大值是 max,那么可将 A 的每个值(例如 a)转换为 $(a-\min)/(\max-\min)$。

5.6.3 k 值的选择

k 值的选择会对 k 近邻法的结果产生重大影响。

当选择的 k 值较小时,相当于使用较小邻域中的训练实例来进行结果预测。此时,分类的近似误差(approximation error)将会缩小,因为只有与输入实例相接近的训练实例才会对预测结果产生作用。然而它的缺点是会增大分类的估计误差(estimation error),预测的

结果会对近邻实例点非常敏感。如果其临近的点恰巧是噪声,就会令预测出错。也就是说,k值的减小意味着模型整体更复杂,更容易出现过拟合。

当选择的k值较大时,相当于使用较大邻域中的训练实例来进行结果预测。与使用较小的k值相反,其优点是可以减小预测的估计误差,而缺点则是会增大预测的近似误差。此时,与输入实例较远的训练实例也会参与到预测中并对预测结果起作用,从而是预测发生错误。k值的增大意味着模型更简单。更极端的情况是,如果$k=N$,无论输入实例是什么,都将简单的预测它属于在训练实例中数量最多的类。这时会发现模型过于简单,完全忽略了训练实例中大量的有用信息,这是不可取的。

在实际应用过程中,k值一般取一个比较小的数值,并且通常会采用交叉验证法来选取最优的k值。

此外,为了减少k的影响,可以根据距离权衡每个最近邻x_i的影响,例如我们可以令权值$w_i = \frac{1}{d}(x, x_i)$。由此,距离较远的训练实例对分类的影响要小于距离较近的训练实例。使用距离加权的投票方案,投票公式可以表示为

$$y = \arg\max_{c_j} \sum_{x_i \in N_k(x)} w_i \times I(y_i = c_j) \tag{5-97}$$

5.6.4 分类决策规则

k近邻法中的分类决策规则多数情况下使用多数表决,即由输入实例的k个近邻的训练实例中的多数类,来决定输入实例所属的类。

多数表决规则(majority voting rule)的解释如下:

如果分类的损失函数为0-1损失函数,分类函数为

$$f:R^n \rightarrow \{c_1, c_2, \cdots, c_K\} \tag{5-98}$$

那么,误分类的概率为

$$P(Y \neq f(X)) = 1 - P(Y = f(X)) \tag{5-99}$$

对给定的实例$x \in X$,其最近邻的k个训练实例点构成集合$N_k(x)$。如果涵盖$N_k(x)$的区域的类别是c_j,那么误分类率则为

$$\frac{1}{k} \sum_{x_i \in N_k(x)} I(y_i \neq c_i) = 1 - \frac{1}{k} \sum_{x_i \in N_k(x)} I(y_i = c_i) \tag{5-100}$$

可以看出,如果想要使误分类率达到最小,也就是经验风险要达到最小,就需要$\sum_{x_i \in N_k(x)} I(y_i = c_i)$达到最大,所以说,多数表决规则实际上等价于经验风险最小化。

5.7 模型评估

建立模型之后,接下来就要去评估模型,以确定此模型是否"有用"。本节介绍分类模型评估方法。为了实现有效评估,首先需要划分出评估数据集,即对原始数据集进行划分,本

节主要介绍常用的留出法、交叉验证法。然后介绍评估分类模型好坏的一些性能度量指标。

5.7.1 留出法

"留出法"(hold-out)直接将数据集 D 划分为两个互斥的集合,其中一个集合作为训练集 S,另一个作为测试集 T,即 $D=S\cup T,S\cap T=\varnothing$。在 S 上训练出模型后,用 T 来评估其测试误差,作为对泛化误差的估计。

以二分类任务为例,假定 D 包含 1 000 个样本,将其划分为 S 包含 700 个样本,T 包含 300 个样本,用 S 进行训练后,如果模型在 T 上有 90 个样本分类错误,那么其错误率为 $(90/300)\times 100\%=30\%$,相应的,精度为 $1-30\%=70\%$ 需注意的是,训练/测试集的划分要尽可能保持数据分布的一致性,避免因数据划分过程引入额外的偏差而对最终结果产生影响,例如在分类任务中至少要保持样本的类别比例相似。如果从采样(sampling)的角度来看待数据集的划分过程,则保留类别比例的采样方式通常称为"分层采样"(stratified sampling)。例如通过对 D 进行分层采样而获得含70%样本的训练集 S 和含30%样本的测试集 T,若 D 包含 500 个正例、500 个反例,则分层采样得到的 S 应包含 350 个正例、350 个反例,而 T 则包含 150 个正例和 150 个反例;若 S、T 中样本类别比例差别很大,则误差估计将由于训练/测试数据分布的差异而产生偏差。

另一个需注意的问题是,即便在给定训练/测试集的样本比例后,仍存在多种划分方式对初始数据集 D 进行分割。例如在上面的例子中,可以把 D 中的样本排序,然后把前 350 个正例放到训练集中,也可以把最后 350 个正例放到训练集中,这些不同的划分将导致不同的训练/测试集,相应的,模型评估的结果也会有差别。因此,单次使用留出法得到的估计结果往往不够稳定可靠,在使用留出法时,一般要采用若干次随机划分、重复进行实验评估后取平均值作为留出法的评估结果. 例如进行 100 次随机划分,每次产生一个训练/测试集用于实验评估,100 次后就得到 100 个结果,而留出法返回的则是这 100 个结果的平均。

5.7.2 交叉验证法

常见的交叉验证有以下 3 种:

(1) S-fold Cross Validation:中文可翻译成 S 折交叉验证,它是应用最多的一种方法,其方法大致如下。

1)将数据分成 S 份:$D=\{D_1,D_2,\cdots\cdots,D_s\}$,一共做 S 次试验。
2)在第 i 次试验中,使用 $D-D_i$ 作为训练集,D_i 作为测试集对模型进行训练和评测。
3)最终选择平均测试误差最小的模型。

(2)留一交叉验证(Leave-one-out Cross Validation):这是 S 折交叉验证的特殊情况,此时 $S=N$,其中 N 为数据的个数。

(3)简易交叉验证:这种实现起来最简单。它简单地将数据进行随机分组,最后达到训练集约占原数据70%的程度(这个比例可以视情况改变),选择模型时使用测试误差作为标准。

5.7.3 混淆矩阵

在数据分析领域,混淆矩阵(confusion matrix),又称为可能性表格或是错误矩阵。它是一种特定的矩阵用来呈现算法性能的可视化效果。混淆矩阵是一个 $N\times N$ 矩阵,N 为分类的个数。假如面对的是一个二分类问题,也就是 $N=2$,可以得到一个 2×2 矩阵,如表 5-17 所示,对于一个二分类问题,即分类目标只有两类,正类(positive)即感兴趣的主要类,用 P 表示。负类(negtive)即其他类,用 N 表示。正例即为正类的实例或元组,负例即为负类的实例或元组。

表 5-17 混淆矩阵

实例分类	预测类		
	正类	负类	合计
正类	TP	FN	P
负类	FP	TN	N
合计	P′	N′	P+N

(1)真正例(True Positives,TP):被正确地划分为正类的实例数,即实际为正例且被分类器划分为正例的实例数,用 TP 表示。

(2)假正例(False Positives,FP):被错误地划分为正类的实例数,即实际为负例但被分类器划分为正例的实例数,用 FP 表示。

(3)假负例(False Negatives,FN):被错误地划分为负类的实例数,即实际为正例但被分类器划分为负例的实例数,用 FN 表示。

(4)真负例(True Negatives,TN):被正确地划分为负类的实例数,即实际为负例且被分类器划分为负例的实例数,用 TN 表示。

5.7.4 正确率与错误率

1. 正确率(Accuracy)

正确率也称为准确率,表示分类器对各类别的正确识别情况,它定义为被正确分类的元组数占预测总元组数的百分比,其计算公式为

$$\text{Accuracy}=\frac{\text{TP}+\text{TN}}{P+N} \tag{5-101}$$

2. 错误率(Error rate)

错误率表示分类器对各类别的错误识别情况,等于 1−accuracy,其计算公式为

$$\text{Errorr rate} = \frac{FP+FN}{P+N} \qquad (5-102)$$

正确率和错误率是评估分类模型最广泛、最常用的指标,这得益于它计算简单,易于解释,该对指标比较适合于评估平衡数据,即正类和负类数据占比差不多,但对于不平衡数据的分类模型评估时,正确率和错误率指标将变得不可靠。不平衡数据在银行的欺诈检测应用中、医疗数据分析中较为常见。例如癌症预测时,癌症占比是较小的,如果分类模型将所有的数据都预测为没有得癌症,正确率很高,但是由于数据分布的不平衡,这样的评价结果是不全面,不可靠的。

5.7.5 查准率、查全率和 F_1 度量

查准率和查全率应用在信息处理等许多领域。

1. 查准率(Precision)

即对精确性的度量,即正确识别的正元组数量占预测为正元组总数的百分比,其计算公式为

$$\text{Precision} = \frac{TP}{TP+FP} \qquad (5-103)$$

2. 查全率(Recall)

也称召回率,用来评价模型的灵敏度和识别率,是完全性的度量,即正元组被标记为正类的百分比,即为灵敏度(或真正例率),其计算公式为

$$\text{Recall} = \frac{TP}{TP+FN} \qquad (5-104)$$

结合二维混淆矩阵,可以看到查准率表示标记为正类的元组实际为正类所占的百分比,即模型正确预测的正例占模型预测为正例的百分比;查全率表示正例标记为正例的百分比。

查准率和查全率是一对矛盾的度量。一般而言,查准率越高时,查全率往往越低;而查全率越高时,查准率往往偏低。例如,以周志华老师《机器学习》教材上的西瓜例子来解释,假定瓜农拉来了一车西瓜,用训练好的模型对这些西瓜进行分类判别,若希望将好瓜尽可能多的选择出来,则可通过增加选瓜的数量来实现,如果将所有西瓜都选上,那么所有的好瓜也必然都被选上了。这样查全率达到最高,但查准率就会降低;若希望选出的瓜中好瓜比例尽可能高,则可只挑选最有把握的瓜,但这样就会难免漏掉不少好瓜,使得查全率较低。

为了将查准率和查全率综合起来,就得到了 F_1 度量。

3. F_1 度量(F-measure)

F_1 度量(又称为 F_1 分数),是查准率和查全率加权调和平均,计算公式为

$$F_1 = \frac{2 \times \text{Precision} \times \text{Recall}}{\text{Precision} + \text{Recall}} \qquad (5-105)$$

更一般地,可以用 F_β 度量考察查准率和查全率之间的折中,则有

$$F_\beta = \frac{(1+\beta^2) \times \text{Precision} \times \text{Recall}}{\beta^2 \times \text{Precision} + \text{Recall}} \qquad (5-106)$$

其中,β 是非负实数。

查准率和查全率分别是 β 等于 0 和无穷大时 F_β 的特例。低的 β 值使得 F_β 接近于查准率。

5.7.6 ROC 曲线与 AUC

1. ROC 曲线

接受者操作特征(receiver operating characteristic,ROC)曲线是显示分类器真正率和假正率之间折中的一种图形化方法。在一个 ROC 曲线中,真正率(TPR)沿 y 轴绘制,而假正率(FPR)显示在 x 轴上,如图 5-21 所示。ROC 曲线上有几个关键点,它们都有公认的解释。

(TPR=0,FPR=0):把每个实例都预测为负类的模型。
(TPR=1,FPR=1):把每个实例都预测为正类的模型。
(TPR=1,FPR=0):理想模型。

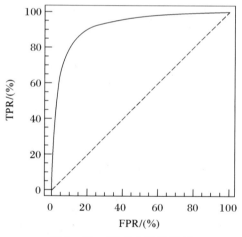

图 5-21 ROC 曲线的示例

一个好的分类模型应该尽可能靠近图 5-21 的左上角,而一个随机猜测的模型应位于连接点(TPR=0,FPR=0)和(TPR=1,FPR=1)的主对角线上。随机猜测是指以固定的概率 p 把记录分为正类,而不考虑它的属性集。例如,考虑一个包含 n_+ 个正实例和 n_- 个负实例的数据集。随机分类器期望正确地分类 pn_+ 个正实例,而误分 pn_- 个负实例,因此,分类器的 TPR 是 $(pn_+)/n_+ = p$,而它的 FPR 是 $(pn_-)/n_- = p$。由于 TPR 和 FPR 相等,因此随机预测分类器的 ROC 曲线总是位于主对角线上。

为了绘制 ROC 曲线,分类器应当能够产生连续值输出,可以用来从最有可能到最不可

能分为正类的记录,对它的预测排序。这些输出可能对应于贝叶斯分类器产生的后验概率或人工神经网络产生的数值输出。下述给出产生 ROC 曲线的过程。

(1)假定为正类定义了连续值输出,对检验记录按它们的输出值递增排序。

(2)选择秩最低的检验记录(即输出值最低的记录),把选择的记录以及那些秩高于它的记录指派为正类。这种方法等价于把所有的检验实例都分为正类。因为所有的正检验实例都被正确分类,而所有的负测试实例都被误分,因此 TPR=FPR=1。

(3)从排序列表中选择下一个检验记录,把选择的记录以及那些秩高于它的记录指派为正类,而把那些秩低于它的记录指派为负类。通过考察前面选择的记录的实际类标号来更新 TP 和 FP 计数。如果前面选择的记录为正类,则 TP 计数减少而 FP 计数不变。如果前面选择的记录为负类,则 FP 计数减少而 TP 计数不变。

(4)重复步骤 3 并相应地更新 TP 和 FP 计数,直到最高秩的记录被选择。

(5)根据分类器的 FPR 画出 TPR 曲线。

ROC 曲线有个很好的特性:当测试集中的正负样本的分布变化的时候,ROC 曲线能够保持不变。在实际的数据集中经常会出现类不平衡(class imbalance)现象,即负样本比正样本多很多(或者相反),而且测试数据中的正负样本的分布也可能随着时间变化,因此在数据分析时,常常使用 ROC 曲线进行模型评估。

2. AUC

ROC 曲线是根据与那条参照线进行比较来判断模型的好坏,但这只是一种直觉上的定性分析,如果我们需要精确一些,就要用到 AUC,也就是 ROC 曲线下面积。其判定方法是 AUC 应该大于 0.5。

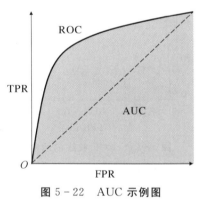

图 5-22 AUC 示例图

如图 5-22 所示,参考线的面积是 0.5,ROC 曲线与它偏离越大,ROC 曲线就越往左上方靠拢,它下面的面积(AUC)也就越大,这里面积是 0.869。我们可以根据 AUC 的值与 0.5 相比,来评估一个分类模型的预测效果。如果 AUC 的值达到 0.80,那说明分类器分类非常准确;如果 AUC 值在 0.60~0.80 之间,那分类器有优化空间,可以通过调节参数得到更好的性能;如果 AUC 值小于 0.60,那说明分类器模型效果比较差。

第 5 章 分 类

习 题

5.1 简述决策树分类的基本思想。
5.2 简述分类的基本过程。
5.3 简述不同属性的划分方法。
5.4 给出不同不纯度指标的计算方法。
5.5 简述常用的决策树分类算法的基本思想。
5.6 简述贝叶斯分类器的基本思想。
5.7 给定 k 和描述每个元组的属性数 n,写一个 k 最近邻分类算法。
5.8 简述神经元的特点。
5.9 常用的激活函数有哪些?各有什么特点?

参 考 文 献

[1] 盛骤,谢式千,潘承毅.概率论与数理统计[M].4 版.北京:高等教育出版社,2008.
[2] PANG-NING TAN,MICHAEL STEINBACH,ANUJ KARPATNE,et al. 数据挖掘导论[M].2 版.段磊,张天庆,等,译.北京:机械工业出版社,2020.
[3] 葛东旭.数据挖掘原理与应用[M].北京:机械工业出版社,2020.
[4] JIAWEI HAN,MICHELINE,KAMBER,et al. 数据挖掘概念与技术[M].3 版.范明,孟小峰,译.北京:机械工业出版社,2020.
[5] 李航.统计学习方法[M].北京:清华大学出版社,2019.
[6] MOHAMMED J. ZAKI,WAGNER MEIRA JR. 数据挖掘与分析-概念与算法[M].吴诚堃,译.北京:人民邮电出版社,2017.
[7] 涌井良幸,涌井贞美.深度学习的数学[M].北京:人民邮电出版社,2019.

第6章 聚 类

俗话讲:"物以类聚,人以群分",在日常的工作、生活中存在着大量的聚类问题。例如,在商务上,市场营销人员根据客户的收入、消费、年龄等特征将客户划分为不同的客户群,实现不同的营销策略;在医学上,医生根据患者的症状、各类检查指标情况对患者进行分组。类似的应用案例还有很多,例如信息检索、网页聚类、图象分割、商业选址等。聚类是将数据对象划分为多个类或簇,它与分类不同的是,聚类操作中要划分的类是事先未知的,类的形成完全是数据驱动的。分类属于有监督的学习方法,聚类属于无监督的学习方法。

本章首先对聚类方法进行一个概述,包括聚类的概念、聚类的分类方法;其次介绍几种典型的聚类方法,包括基于划分方法 k-平均(k-means)、层次聚类、密度聚类算法。

6.1 聚类分析概述

6.1.1 什么是聚类分析

聚类分析是根据在数据中发现的描述对象及其关系的信息,将数据对象分成若干组,其中,这些组不是事先给定的,而是根据数据特征确定的。通常,组内的数据对象是相似的,而不同的组中的对象是不相似的。

点集是一种适合聚类的数据集。每一个点对应于某空间下的某个对象。在最一般的意义下,空间只是点的集合,也就是说数据集中的点从该集合中抽样而成的。特别地,欧氏空间下的点就是实数向量。向量的长度就是空间维度,而向量的分量通常称为所表示点的坐标。例如向量 $A(1,5)$,表示二维空间下的一个点,横坐标为1,纵坐标为5。

聚类分析中的数据对象是点集时,聚类就是对点集进行考察并按照某种距离测度将它们聚成多个簇、多个组的过程,目标是使得同一簇内的点之间的距离较短,而不同簇间的点之间距离较大。如图 6-1 所示,聚类结果图中,如果组内的相似性越大,组间差别越大,那么聚类效果就越好。

能够进行聚类的所有空间下都有一个距离测度,即给出空间下任意两点的距离。欧氏空间下有很多距离度量,例如曼哈顿距离(每个维度上的差值之和)、$L\infty$距离(所有维度上的差值的最大值),但欧氏空间下最常见的距离度量是欧氏距离(点的坐标在各维上差值的平方和的算术平方根)。

第6章 聚 类

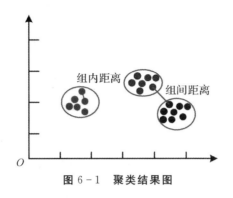

图 6-1 聚类结果图

然而，现代聚类问题相对复杂，可能涉及高维欧氏空间或者根本不在欧氏空间下聚类。比如，基于文档间的高频区分词依据主题对文档进行的聚类。另高维欧氏空间具有一些非直观的性质，即所谓的"维数灾难"。灾难的一个表现就是，在高维空间下，几乎所有点对之间的距离都差不多相等；另一个表现是几乎任意两个向量都近似正交。因此，本章例子均为欧氏空间情况。

6.1.2 不同的聚类类型

聚类的方法有很多，按照聚类策略（思路）的不同，可以将聚类算法分为划分聚类方法、层次聚类方法、基于密度聚类的方法、基于网格聚类的方法。

(1) 划分聚类方法。给定一个有 n 个对象的数据集，划分聚类方法将构造数据对象集的 k 个划分，每一个划分就代表一个簇，$k \leqslant n$。也就是说，它将数据划分为 k 个簇，而且这 k 个簇满足条件：每一个簇至少包含一个对象，且每一个对象属于且仅属于一个簇。属于划分聚类的方法有 k-均值、k-模、k-原型、k-中心点、PAM 算法等，最常用的划分聚类方法是 k-均值方法和 k-中心点方法。

(2) 层次聚类方法。层次聚类方法是对给定的数据对象集合进行层次的分解，根据层次分解方法的不同，可以分为凝聚和分裂两种类型。凝聚的方法也称为自底向上的方法，开始时将每个对象作为单独的一个组，然后逐次合并相近的对象或组，直到所有的组合并为一个组，或者满足某个终止条件。分裂的方法也称为自顶向下的方法，开始将所有的对象置于一个簇中，在每次相继迭代中，一个簇被划分成更小的簇，直到最终每个对象在单独的一个簇中，或者满足某个终止条件。属于层次聚类算法有 AGENS 算法、DIANA 算法、BIRCH 算法等。

(3) 密度聚类的方法。大部分划分聚类算法基于对象之间的距离进行聚类，这样的方法只能发现球状簇，难以发现任意形状的簇。基于密度的聚类方法，其主要思想是只要"邻域"中的密度（对象或数据点的数目）超过某个阈值，就继续增长给定的簇。也就是说，对于给定簇中的每个数据点，在给定半径的邻域中必须至少包含最少数目的点。这样的方法可以勇于过滤噪声或离群点，发现任意形状的簇。属于聚类的方法有 DBSCAN 算法、DENCLUE 算法等。

(4) 网格聚类的方法。基于网格的方法把数据对象量化为有限个单元,形成一个网格结构。所有的聚类操作都在这个网格结构(即量化的空间)上进行。网格聚类方法的优点是处理速度很快,处理时间独立于数据对象的个数,仅依赖于量化空间中每一维的单元数。网格聚类算法适合于处理空间数据挖掘问题,且可以与其它聚类方法(例如密度聚类方法、层次聚类方法)集成。基于网格的聚类方法有 STING 算法和 CLIQUE 算法等。

6.1.3 邻近性度量指标

聚类分析的质量取决于度量标准的选择,因此必须仔细选择度量标准。为了度量数据对象之间的邻近或相似程度,需要定义一些度量指标例如距离、相似系数、误差平方项等。

下述对度量标准作简要介绍。

1. 距离

距离度量需满足一些基本性质。若假设 $d(x,y)$ 是两个点 x 和 y 之间的距离度量,则以下性质成立:

1) 非负性。对于所有的 x 和 y,$d(x,y) \geqslant 0$。
2) 同一性。当且仅当 $x=y$ 时,$d(x,y)=0$。
3) 对称性。对于所有的 x 和 y,$d(x,y)=d(x,y)$。
4) 三角不等式。对于所有的 x,y 和 z,$d(x,z) \leqslant d(x,z)+d(y,z)$。

(1) 欧氏距离。常用的距离度量有欧氏距离,公式如下:

$$d(x,y) = \sqrt{\sum_{k=1}^{n}(x_k - y_k)^2} \tag{6-1}$$

式中,n 是维数,x_k 和 y_k 分别是 x 和 y 的第 k 个属性值(分量)。

(2) 闵可夫斯基距离。式(6-1)给出的欧氏距离可以用下式的闵可夫斯基距离(Minkowski distance)来推广,则有

$$d(x,y) = \left(\sum_{k=1}^{n}|x_k - y_k|^r\right)^{\frac{1}{r}} \tag{6-2}$$

式中,r 是参数,当 r 取 $1,2,\infty$ 对应 3 种常用的距离度量。

1) 当 $r=1$ 时,为曼哈顿(也称为城市街区、L_1 范数、绝对值)距离。
2) 当 $r=2$ 时,为欧几里得距离(也称为 L_2 范数),简称欧氏距离。
3) 当 $r=\infty$ 时,为上确界(也称为 $L\infty$、Lmax、切比雪夫)距离。这是对象属性之间的最大距离。

注意这里的 r 参数不要与维数(属性数)n 混淆。

曼哈顿距离是由 19 世纪的赫尔曼·闵可夫斯基提出的,其命名是从规划为方形建筑区块的美国纽约曼哈顿地区计算最短的行车路径而来的。曼哈顿距离和欧氏距离之间的关系如图 6-2 所示,对于 A,B 两点之间的距离,虚线 1 为欧氏距离,实线 1 和实线 2 均为曼哈顿距离。经计算,曼哈顿距离为 $5+5=10$,欧氏距离为 $\sqrt{50}=7.07$。

欧氏距离对极值和异常值点非常敏感,而曼哈顿距离对极值和异常值不太敏感。一般而言,在闵可夫斯基距离中,选择的 r 值越大,差值大的变量在距离计算中所起的作用就越大,从而对极值和异常值点也就越敏感。

第6章 聚 类

当各向量的单位不同或变异性相差很大时,不应该直接采用闵可夫斯基距离进行计算,而应该先对各变量的数据作标准化或规范化处理,然后使用标准化或规范化后的数据计算距离。

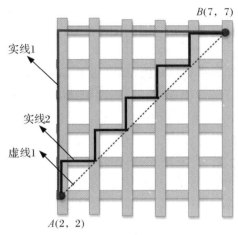

图 6-2 曼哈顿距离与欧氏距离

(3)兰氏距离(Lance distance)。当所有的数据兼为正时,可以定义 x 和 y 之间的兰氏距离为

$$d(\boldsymbol{x},\boldsymbol{y}) = \sum_{k=1}^{n} \frac{|x_i - y_i|}{x_i + y_i} \quad (6-3)$$

兰氏距离与各变量的单位无关,且适用于高度倾斜或含异常值的数据。

(4)马氏距离(Mahalanobis distance)。对于 n 维数据 $\boldsymbol{x}=(x_1,x_2,\cdots,x_n)$,$\boldsymbol{y}=(y_1,y_2,\cdots,y_n)$,$\boldsymbol{x}$ 和 $\boldsymbol{y}$ 之间的马氏距离为

$$d(\boldsymbol{x},\boldsymbol{y}) = \sqrt{(\boldsymbol{x}-\boldsymbol{y})^{\mathrm{T}} \boldsymbol{S}^{-1} (\boldsymbol{x}-\boldsymbol{y})} \quad (6-4)$$

其中,T 表示转置,S 为 x 和 y 所在数据空间的协方差矩阵。

使用马氏距离的好处是考虑到了各变量之间的相关性,并且与各变量的单位无关。但是,马氏距离的一个不足是,在聚类过程中,簇一直在变化,这就使得簇内的样本协方差矩阵难以确定,很多时候依赖先验知识。因此,在实际的聚类分析中,马氏距离一般不是理想的距离度量指标。

2. 相似性度量

如果用 $s(\boldsymbol{x},\boldsymbol{y})$ 表示样本 $\boldsymbol{x}$ 和 $\boldsymbol{y}$ 之间的相似度,那么相似度具有以下典型特征。

(1)仅当 $\boldsymbol{x}=\boldsymbol{y}$ 时,$s(\boldsymbol{x},\boldsymbol{y})=1 (0 \leqslant s \leqslant 1)$。

(2)对于所有的 $\boldsymbol{x}$ 和 $\boldsymbol{y}$,$s(\boldsymbol{x},\boldsymbol{y})=s(\boldsymbol{y},\boldsymbol{x})$。

下述介绍余弦相似性度量。余弦相似性度量公式为

$$s(\boldsymbol{x},\boldsymbol{y}) = \frac{\boldsymbol{x} \cdot \boldsymbol{y}}{||\boldsymbol{x}|| \, ||\boldsymbol{y}||} = \frac{\sum_{i=1}^{n} x_i y_i}{\sqrt{\sum_{i=1}^{n} x_i^2 \sum_{i=1}^{n} y_i^2}} \quad (6-5)$$

式中,$x \cdot y$ 表示向量 x 和 y 的点积运算。

余弦相似性度量通常应用在文档数据处理中。如果文档用向量进行表示,那么文档的每个属性表示某个特定的词(或术语)在文档中出现的频率。考虑到组成文档的词语是数以万计的,因此文档向量通常是稀疏的,即具有相对较少的非零属性值。

除了余弦相似性度量,类似的度量还有相关性度量,其主要反映两个向量之间的线性相关性,前面已经介绍过,在此不再赘述。

【例 6-1】 用数据对象 x 和 y 分别代表两个文档向量,计算其余弦相似度。
$$x=(3,1,0,5,0,2,0,1,0)$$
$$y=(1,0,0,0,2,0,1,0,1)$$

解:
$x \cdot y = 3×1+1×0+0×0+5×0+0×2+2×0+0×1+1×0+0×1 = 3$
$||x|| = \sqrt{3×3+1×1+0×0+5×5+0×0+2×2+0×0+1×1+0×0} = \sqrt{40} = 6.32$
$||y|| = \sqrt{1×1+0×0+0×0+0×0+2×2+0×0+1×1++0×0+1×1} = \sqrt{7} = 2.65$
$s(x,y) = \dfrac{3}{6.32×2.65} = 0.18$

其实,余弦相似度实际上计算的是两个向量之间夹角(余弦)的度量,如果两个向量的的余弦相似度为 1,那么其夹角为 0°,即两个向量高度相似;如果计算的余弦相似度为 0°,那么其夹角为 90°,即两个向量不包含任何相同的词(或术语)。

3. 二元特征样本的距离度量

上述介绍的几种度量主要适用于连续特征的数据,对于包含部分不连续特征或者全部是不连续特征的数据而言,上述度量方法是不适用的。现在介绍几种二元类型数据的距离度量标准。假定 x 和 y 是两个对象,都是由 n 个二元属性组成,那么这样的两个对象(即两个二元向量)的比较可生成以下 4 个量:

(1) f_{00} 是 x 取 0 且 y 取 0 的属性个数。
(2) f_{01} 是 x 取 0 且 y 取 1 的属性个数。
(3) f_{10} 是 x 取 1 且 y 取 0 的属性个数。
(4) f_{11} 是 x 取 1 且 y 取 1 的属性个数。

那么简单匹配系数(Simple Matching Coefficient,SMC)定义如下:

$$\text{SMC}(x,y) = \dfrac{f_{00}+f_{11}}{f_{00}+f_{01}+f_{10}+f_{11}} \tag{6-6}$$

Jaccard 系数(Jaccard Coefficient)定义如下:

$$J(x,y) = \dfrac{f_{11}}{f_{01}+f_{10}+f_{11}} \tag{6-7}$$

简单匹配系数 SMC 是一种常用的相似性系数,该度量对出现和不出现的属性均进行计数。Jaccard 系数主要用来处理包含非对称的二元属性的对象,例如事务数据,对于商品通常用 1 表示被购买,用 0 表示没有被购买。

【例 6-2】 假设有事务数据向量 x 和 y,计算简单匹配系数 SMC 和 Jaccard 系数:
$$x=(0,1,0,0,0,0,0,1,0)$$

$$y = (1,0,0,0,0,0,1,0,1)$$

(1) $f_{00}=4$ 是 x 取 0 且 y 取 0 的属性个数。

(2) $f_{01}=3$ 是 x 取 0 且 y 取 1 的属性个数。

(3) $f_{10}=2$ 是 x 取 1 且 y 取 0 的属性个数。

(4) $f_{11}=0$ 是 x 取 1 且 y 取 1 的属性个数。

$$\text{SMC}(x,y) = \frac{f_{00}+f_{11}}{f_{00}+f_{01}+f_{10}+f_{11}} = \frac{0+4}{4+3+2+0} = \frac{4}{9}$$

$$J(x,y) = \frac{f_{11}}{f_{01}+f_{10}+f_{11}} = \frac{0}{3+2+0} = 0$$

由上述计算可以看出,事务数据向量 x 和 y 是非对称的二元向量,1 表示该商品被购买,0 表示没有被购买。考虑到实际情况中,被购买的商品数是远小于没有被购买的商品数的,即 $f_{11} \ll f_{00}$。对于非对称的二元向量,简单匹配系数 SMC 认为所有的事务都是类似的,将 f_{00} 和 f_{11} 均予以考虑;Jaccard 系数则仅考虑 f_{11},计算的结果更加符合现实含义。

6.2 划分聚类

划分聚类方法是聚类分析最简单的方法之一,它把数据对象集划分成多个互斥的组或簇。对于簇的个数,为了简化问题的描述,我们假定簇的个数作为背景知识提前给定。

假设给定一组包含 n 个对象的数据对象集 D,以及要生成的簇个数 k,划分聚类放将把数据对象组织成 $k(k \leq n)$ 个分区,每个分区代表一个簇。划分方法有很多,本章首先介绍最著名,最基本的划分方法——k-均值。

k-均值又称为 k-means,首先选择 k 个初始质心,即所期望的簇的个数,k 是指定参数,将每个点指派到最近的质心,而指派到同一个质心的点集为一个簇(Cluster)。然后,根据指派到簇的点,更新每个簇的质心。重复指派和更新步骤,直到簇不发生变化,或直到质心不发生变化。具体形式描述参见算法 6-1,在该算法中用均值作为质心。通常,大部分收敛都发生在早期阶段,因此采用较弱的条件替换算法中第 5 行,例如,直到仅有 1% 的点改变簇。

算法 6-1 k-均值算法

1:随机选择 k 个点作为初始质心。

2:repeat

3:将每个点指派到最近的质心,形成 k 个簇。

4:重新计算每个簇的质心。

5:until 质心不发生变化。

下述详细的介绍 k-均值算法的每一个步骤,并分析算法的时间复杂度和空间复杂度。

6.2.1 指派点到最近的质心

为了将点指派到最近的质心,我们需要邻近性度量来量化所考虑的数据的"最近"概念。

通常,欧氏空间中的点用欧氏距离(L_2),文档用余弦相似性度量。对于给定的数据对象集,还可能存在其他多种可使用的邻近性度量,如曼哈顿距离也可用于欧氏数据,Jaccard 度量也可用于文档数据。对于 k-均值算法而言,需要重复计算很多次每个点与质心的相似度,因此通常选择计算相对简单的相似性度量,复杂的计算会大大增加算法的时间复杂度和空间复杂度。

6.2.2 质心和目标函数

k-均值算法第 4 步为"重新计算每个簇的质心",因为质心可能随着数据邻近性度量和聚类目标不同而改变。聚类目标通常用一个目标函数表示,该函数依赖于点之间,或点到簇质心的邻近程度。例如,目标函数可以设计为最小化每个点到最近质心的距离的平方。当然,一旦选定了邻近性度量和目标函数,质心便很容易可以计算求出来。

欧氏空间中的数据通常选用欧氏距离作为邻近性度量指标,并使用误差的平方和(Sum of the Squared Error,SSE),则有

$$\text{SSE} = \sum_{i=1}^{k} \sum_{x \in C_i} \text{dis}t^2(c_i, x) \tag{6-8}$$

$$c_i = \frac{1}{m_i} \sum_{x \in C_i} x \tag{6-9}$$

式中,x 是数据对象集,C_i 是第 i 个簇,c_i 是簇 C_i 的代表点即质心,m_i 簇 C_i 中点的个数,k 表示簇的个数,dist 表示欧氏距离。

误差的平方和 SSE 作为度量 k-均值聚类质量的目标函数,在 k-均值算法不断的迭代过程中,该目标函数不断减小

k-均值算法的步骤 3 和步骤 4 试图直接最小化 SSE。其中,步骤 3 通过将点指派到最近的质心形成簇,最小化给定质心集的 SSE;步骤 4 重新计算质心,进一步最小化 SSE。需要指出的是,k-均值的步骤 3 和步骤 4 只能收敛到局部最优,而不是全局最优。

除了欧氏空间中的数据,k-均值算法还可以处理其它数据,例如文档数据,文档通常利用文档-词矩阵表示,如图 6-3 所示。

文档使用词向量表示,每个词表示向量的一个分量(属性),每个分量的值对应于词在文档中出现的次数,即文档是该矩阵的行,词是该矩阵的列,这种表示法也称为"词袋法",因为其不考虑词(术语)的先后顺序。

编号	词数据					
	跑	跳	得分	排名	组	裁判
文档 1	0	5	2	0	0	0
文档 2	1	0	0	4	0	0
文档 3	0	0	1	0	1	0
文档 4	1	1	0	0	0	0

图 6-3 文档-词数据矩阵

对于图 6-3 所示的矩阵数据,目标是最大化簇中文档与簇质心的相似性。对于这个目

标可以同欧氏空间的数据一样,簇的质心是均值,目标函数选用如下式所示的凝聚度,即

$$总凝聚度 = \sum_{i=1}^{k} \sum_{x \in C_i} \text{cosine}(x, c_i) \qquad (6-10)$$

k-均值算法可使用的邻近度函数、质心和目标函数的组合,总结如表 6-1 所示,注意:对于曼哈顿距离(L_1)的目标,簇的质心可以使用各点的中位数进行表示。

表 6-1　k-均值常见的邻近度、质心和目标函数组合

邻近度函数	质　心	目标函数
曼哈顿距离 L_1	中位数	最小化对象到其簇质心的 L_1 距离和
平方欧氏距离 L_2	均值	最小化对象到其簇质心的 L_2 距离的平方和
余弦	均值	最大化对象与其簇质心的余弦相似度和

6.2.3　簇的初始化

当质心随机初始化时,对于不同的初始化质心,k-均值算法运行后,将产生不同的总 SSE,因此,选择适当的初始质心方法是 k-均值算法的关键步骤。常见的方法是随机初始化质心,该方法简单但是簇的质量往往很差。

为了解决 k-均值算法初始化的问题,学者们提出了很多方法,下述列举一些常用的做法。

(1) 多次运行法。使用不同的随机初始质心,多次运行算法,然后选取具有最小 SSE 的簇集,这种方法简单,但是效果取决于数据集和寻找的簇的个数。

(2) 后继最远点法。随机选择第一个点,或取出所有点的质心作为第一个点,然后对于每个后继的初始质心,选择离已经选过的初始质心最远的点,该方法可以确保初始质心不是随机的,然而其不足主要体现在可能选中离群点,即不是稠密区域(簇)中的点,可能最终导致很多簇仅包含一个点(离群点)的情况发生。

(3) 层次聚类法。对某个样本数据现进行层次聚类。比如采用层次聚类法(6.3 节将进行介绍),输出 k 个簇,并用这些簇的质心作为初始质心。该方法通常很有效,但是仅适用于数据规模相对较小(如果数据规模达到数百或数千,层次聚类算法开销较大)、k 相对数据规模大小而言较小时。

k-均值算法初始化的问题是一个值得研究的问题,感兴趣的读者可以对此进行深入研究。

6.2.4　时间和空间复杂度

k-均值算法中,由于只需要存放数据点集和质心,因此空间复杂度为 $O((m+k)n)$,其中,m 为数据点集的个数,n 是属性数。时间需求与数据点集数呈线性相关,所需的时间复杂度为 $O(I \times k \times m \times n)$,其中 I 为收敛的迭代次数,I 通常很小,因为大部分变化通常出现在前几次迭代中,因此,只要簇个数 k 显著小于 m,则 k-均值的计算时间与 m 线性相关,并且 k-均值算法是有效和简单的。

6.2.5 特点分析

k-均值算法非常简单,有效,可以处理各种数据类型,其主要有以下特点:

(1)对 k 值比较敏感。聚类簇的个数 k 决定了聚类的结果,需要事先确定,而确定正确且有意义的 k 值非常困难,具有较大的随意性。在实际处理中,一般通过多次尝试,从中选优的方法确定。

(2)适合球形簇数据。k-均值算法中通过计算各数据点到质心的邻近度的方法进行簇的更新,该方法比较适合球形簇数据,对于非球形簇数据难以进行正确的聚类,如图6-4和图6-5所示。

(3)对离散点数据敏感。k-均值算法在计算质心的时候,将簇中所有数据进行了均值计算,正如前面介绍的由于均值容易受到极值点的影响,因此 k-均值算法也会受到离散点(极值点)的影响。鉴于此,学者们提出其它改进的算法例如 k-中心点算法。

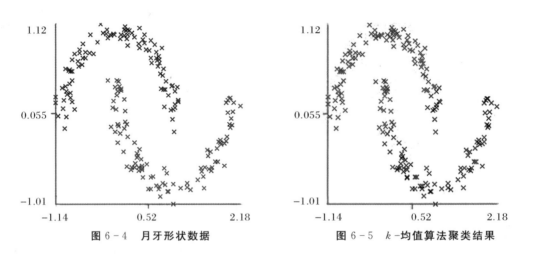

图6-4　月牙形状数据　　　　　　　图6-5　k-均值算法聚类结果

(4)计算开销大。k-均值算法的邻近度计算,随着数据规模的增加,算法的时间开销和空间开销大幅增加。

6.2.6 例题分析

为了便于读者理解 k-均值算法,下述通过一个例子进行介绍。

【例6-3】 假设有一组数据对象集合 D,具体如表6-2所示,数据分布如图6-6所示,利用 k-均值算法进行聚类,邻近性度量选择欧氏距离,簇的数量 $k=2$。

表6-2　数据对象集合

数据对象	O_1	O_2	O_3	O_4	O_5
x	0	0	1.5	5	2
y	2	0	0	0	2

第6章 聚 类

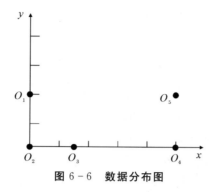

图 6-6 数据分布图

解：

(1)任意选择$o_1(0,2), o_2(0,0)$为簇C_1和C_2初始的簇质心，即
$c_1 = o_1 = (0,2), c_2 = o_2 = (0,0)$

(2)对剩余的每个对象，根据其与各个簇质心的距离，将它赋给最近的簇：

$o_3: d(c_1, o_3) = \sqrt{(0-1.5)^2 + (2-0)^2} = 2.5$

$ d(c_2, o_3) = \sqrt{(0-1.5)^2 + (0-0)^2} = 1.5$

显然，$d(c_1, o_3) > d(c_2, o_3)$，故将$o_3$分配给$C_2$。

$o_4: d(c_1, o_4) = \sqrt{(0-5)^2 + (2-0)^2} = \sqrt{29}$

$ d(c_2, o_4) = \sqrt{(0-5)^2 + (0-0)^2} = 5$

显然，$d(c_1, o_4) > d(c_2, o_4)$，故将$o_4$分配给$C_2$。

$o_5: d(c_1, o_5) = \sqrt{(0-5)^2 + (2-2)^2} = 5$

$ d(c_2, o_5) = \sqrt{(0-5)^2 + (0-2)^2} = \sqrt{29}$

显然，$d(c_1, o_5) < d(c_2, o_5)$，故将$o_5$分配给$C_1$。

更新，得到两个簇：$C_1 = \{o_1, o_5\}, C_2 = \{o_2, o_3, o_4\}$

(3)计算新簇质心：

$$c_1 = \left[\frac{0+5}{2}, \frac{2+2}{2}\right] = (2.5, 2)$$

$$c_2 = \left[\frac{0+1.5+5}{3}, \frac{0+0+0}{3}\right] = (2.17, 0)$$

(4)重复(2)，对每个对象，根据其与各个簇新质心的距离，将它赋给最近的簇：

$o_1: d(c_1, o_1) = \sqrt{(2.5-0)^2 + (2-2)^2} = 2.5$

$ d(c_2, o_1) = \sqrt{(2.17-0)^2 + (0-2)^2} = 2.95$

显然，$d(c_1, o_1) < d(c_2, o_1)$，故将$o_1$分配给$C_1$。

$o_2: d(c_1, o_2) = \sqrt{(2.5-0)^2 + (2-0)^2} = 3.20$

$ d(c_2, o_2) = \sqrt{(2.17-0)^2 + (0-0)^2} = 2.17$

显然，$d(c_1, o_2) > d(c_2, o_2)$，故将$o_2$分配给$C_2$。

$o_3: d(c_1, o_3) = \sqrt{(2.5-1.5)^2 + (2-0)^2} = 2.24$

$$d(c_2,o_3)=\sqrt{(2.17-1.5)^2+(0-0)^2}=0.67$$

显然,$d(c_1,o_3)>d(c_2,o_3)$,故将o_3分配给C_2。

$$o_4:d(c_1,o_4)=\sqrt{(2.5-5)^2+(2-0)^2}=3.20$$
$$d(c_2,o_4)=\sqrt{(2.17-5)^2+(0-0)^2}=2.83$$

显然,$d(c_1,o_4)>d(c_2,o_4)$,故将o_4分配给C_2。

$$o_5:d(c_1,o_5)=\sqrt{(2.5-5)^2+(2-2)^2}=2.5$$
$$d(c_2,o_5)=\sqrt{(2.17-5)^2+(0-2)^2}=3.47$$

显然,$d(c_1,o_5)<d(c_2,o_5)$,故将o_5分配给C_1。更新,得到两个新簇,如图 6-7 所示,可以看出前后两次迭代,簇中的点并未发生改变,算法结束,并计算每个簇的平方误差准则为

$$E_1=[(0-2.5)^2+(2-2)^2]+[(5-2.5)^2+(2-2)^2]=12.5$$
$$E_2=[(0-2.17)^2+(0-0)^2]+[(1.5-2.17)^2+(0-0)^2]+[(5-2.17)^2+(0-0)^2]=13.17$$
$$E=E_1+E_2=12.5+13.17=25.67$$

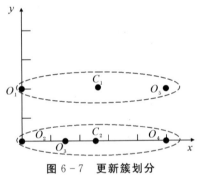

图 6-7 更新簇划分

6.3 层次聚类

6.3.1 概述

层次聚类,也称为系统聚类,也是一种重要的聚类方法,这种方法相对较老,但是仍然被广泛使用。层次聚类是按照一定的规则,对给定的数据集进行层次上的分解,直到满足某种事先设定的条件。

层次聚类通常分为两种方式,分别是凝聚的层次聚类和分裂层次聚类。下面结合一个例子进行介绍。假设有数据点 1,2,3,4,5,6,如图 6-8 所示,每个数据点可以各看作一个簇,由于数据点 2 和 3 所在的簇最相似,所以首先聚类为簇{2,3};数据点 5 和 6 所在的簇较相似,聚类为簇{5,6};数据点 4 所在的簇和{5,6}簇相似,聚类为簇{4,5,6};类似的{2,3}簇和{4,5,6}簇相似,聚类为簇{2,3,4,5,6};数据点 1 所在的簇和{2,3,4,5,6}簇也有一定的相似性,所以聚类为簇{1,2,3,4,5,6},这就是凝聚层次聚类的基本过程。

相反的,将所有的数据点看作一个簇,该簇可以分裂为簇{1}和{2,3,4,5,6},进而{2,3,4,5,6}可以分裂为{2,3}和{4,5,6};簇{4,5,6}继续分裂为{4}和{5,6};簇{5,6}分裂为{5}

和$\{6\}$；$\{2,3\}$分裂为$\{2\}$和$\{3\}$，这就是分裂层次聚类的基本过程。

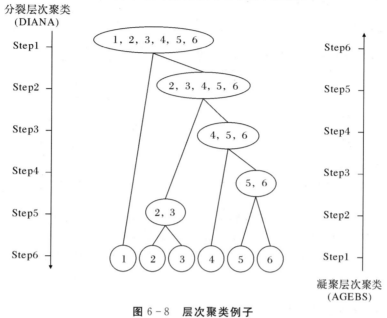

图 6-8 层次聚类例子

通过上例可以看出：

（1）凝聚层次聚类，从点作为个体簇开始，在每个步骤，合并最接近的一对簇直到只剩下一个簇（或者达到某些条件），该聚类方法采用自底向上的聚类策略。

（2）分裂层次聚类：从包含所有点的某个簇开始，每一步分裂一个簇，直到仅剩下单点簇（或者达到某些条件），该聚类使用自顶向下的聚类策略。

在分裂的情况中我们需要确定分裂那个簇，以及如何分裂？目前凝聚层次聚类技术作为常见，本节我们只关注这类算法。层次聚类常常使用称作树状图（dendrogram）的类似于树的图显示，如图 6-9 所示。图 6-9 可显示簇——子簇联系和簇合并（凝聚）或分裂的次序。

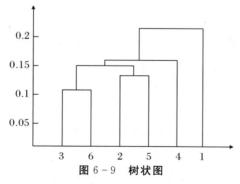

图 6-9 树状图

凝聚层次聚类是从个体点作为簇开始，相继合并两个最接近的簇，直到只剩下一个簇。具体如算法 6-2 所示。

算法 6-2	凝聚层次聚类算法
1:每个数据点是一个簇	
2:计算各个簇之间的相似度,构成相似度(邻近度)矩阵,	
3:repeat	
4:合并两个最接近的簇	
5:更新相似度矩阵	
6:until 只剩下一个簇	

步骤 6 中的停止聚类的条件是只剩下一个簇,除此之外还有其他停止的办法,例如,事先被告知或确定数据中簇的数目;当现有簇的最佳合并会产生一个不恰当的簇,则停止合并。对于簇恰当与否的测试可以有很多方法,如任意一个簇内的所有点到其他质心的平均距离必须小于某个上界。

6.3.2 簇之间的相似度

层次聚类算法中,为了合并最近的两个簇,需要计算不同簇之间的相似度,本章主要以距离为例进行介绍。常用的方法有最小距离法、最大距离法、类平均距离法、重心法、离差平方和法。

假设 $G_p=(x_1,x_2,x_3\cdots,x_p)$ 和 $G_q=(x_1,x_2,x_3\cdots,x_q)$ 分别表示两个簇,分别包含 p 个和 q 个数据点,重心分别是 $\bar{x}_p$ 和 $\bar{x}_q$,其计算公式分别为

$$\bar{x}_p = \frac{1}{p}\sum_{i=1}^{p} x_i \tag{6-11}$$

$$\bar{x}_q = \frac{1}{q}\sum_{i=1}^{q} x_i \tag{6-12}$$

现在给出它们的定义。

1. 最短距离法(单链接法)(nearest neighbor 或 single linkage method)

最短距离法中,簇间距离取两个簇中最近的两个数据点间的距离,如图 6-10(a)所示,其计算公式为

$$D(q,p) = min\{d_{ij} | i \in G_p, j \in G_q\} \tag{6-13}$$

最短距离法可以很好的发现任意形状的簇。因为任意形状的簇中最近的点对将会相继合并。然而,这种方法易受异常点影响。

2. 最长距离法(全链接法)(farthest neighbor 或 complete linkage method)

最长距离法中,簇间距离取两个簇中最远的两个数据点间的距离,如图 6-10(b)所示,其计算公式为

$$D(q,p) = \max\{d_{ij} | i \in G_p, j \in G_q\} \tag{6-14}$$

由最长距离法的计算方法可以看出,其易受异常点影响。

3. 类平均距离法(group average method)

类平均距离法中,簇间距离取两个簇中任意两个数据点间的距离的平均值作为两个簇间的距离,如图 6-10(c)所示,其计算公式为

$$D(q,p)=\frac{1}{pq}\sum_{i\in G_p}\sum_{j\in G_q}d_{ij} \tag{6-15}$$

4. 重心法(centroid method)

重心法中,簇间距离取两个簇的重心之间的欧氏距离,如图 6-10(d)所示,其计算公式为

$$D(q,p)=(\bar{x}_p-\bar{x}_q)^T(\bar{x}_p-\bar{x}_q) \tag{6-16}$$

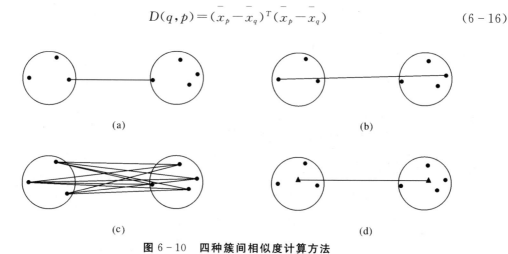

图 6-10 四种簇间相似度计算方法

(a)最短距离法;(b)最长距离法;(c)类平均距离法;(d)重心距离法

5. 离差平方和法(Ward 方法)(Ward's method)

离差平方和方法是基于方差分析思想构建的方法,簇中各数据点到簇重心的平方欧氏距离之和称为(类内)离差平方和。

假设用 D_p 和 D_q 分别表示簇 G_p 和 G_q 的离差平方和,D_p 表示簇 G_p 和 G_q 合并成的新簇 G_{p+q} 的离差平方和,则

$$D_p=\sum_{i\in G_p}(\boldsymbol{x}_i-\bar{\boldsymbol{x}}_p)^T(\boldsymbol{x}_i-\bar{\boldsymbol{x}}_p) \tag{6-17}$$

$$D_q=\sum_{j\in G_q}(\boldsymbol{x}_j-\bar{\boldsymbol{x}}_q)^T(\boldsymbol{x}_j-\bar{\boldsymbol{x}}_q) \tag{6-18}$$

$$D_{p+q}=\sum_{j\in G_p\cup G_q}(\boldsymbol{x}_j-\bar{\boldsymbol{x}})^T(\boldsymbol{x}_j-\bar{\boldsymbol{x}}) \tag{6-19}$$

式中,$\bar{\boldsymbol{x}}=\dfrac{1}{p+q}\sum_{i\in G_p\cup G_q}\boldsymbol{x}_i$。

相同簇内数据点的离差平方和应该较小,簇与簇之间的离差平方和应该较大。如果簇

G_p 和 G_q 这两个簇相距很近,那么合并后所增加的离差平方和 $D_{p+q}-D_p-D_q$ 应较小;否则,应该比较大。

于是,离差平方和法定义 D_p 和 D_q 簇之间的距离平方为

$$D^2(q,p)=D_{p+q}-D_p-D_q \tag{6-20}$$

实际上,该方法每一步合并使离差平方和增量达到最小的两个簇。经证明,有

$$D^2(q,p)=\frac{pq}{p+q}(\bar{\boldsymbol{x}}_p-\bar{\boldsymbol{x}}_q)^T(\bar{\boldsymbol{x}}_p-\bar{\boldsymbol{x}}_q) \tag{6-21}$$

由式(6-21)可以看出,离差平方和法与公式(6-16)的重心法距离相比,只相差一个常数倍。重心法的簇间距离与两个簇的大小无关,而离差平方和法的簇间距离与两个簇的大小由较大的关系。

式(6-21)可以进一步展开为

$$D^2(q,p)=\frac{pq}{p+q}(\bar{\boldsymbol{x}}_p-\bar{\boldsymbol{x}}_q)^T(\bar{\boldsymbol{x}}_p-\bar{\boldsymbol{x}}_q)=\frac{1}{\frac{1}{q}+\frac{1}{p}}(\bar{\boldsymbol{x}}_p-\bar{\boldsymbol{x}}_q)^T(\bar{\boldsymbol{x}}_p-\bar{\boldsymbol{x}}_q) \tag{6-22}$$

由式(6-22)可以看出,p 和 q 越大,$\frac{pq}{p+q}$ 也就越大。离差平方和法使得两个大的簇容易产生大的距离,因而不容易被合并;相反,两个较小的簇由于容易产生小的距离,因而容易被合并。而这通常符合我们对聚类的实际需求。

6.3.3 时间和空间复杂度

凝聚层次聚类算法使用邻近度矩阵,需要存储 $m^2/2$ 个邻近度,其中 m 为数据点的个数。记录簇所需要的空间正比于簇的个数为 $m-1$,不包括单点簇,空间复杂度 $O(m^2)$。

基本凝聚层次聚类算法的计算需要 $O(m^2)$ 时间计算邻近度矩阵。之后,步骤 4 和步骤 5 涉及 $m-1$ 次迭代,因为开始有 m 个簇,而每次迭代合并两个簇。如果邻近度矩阵采用线性搜索则对于第 i 次迭代,步骤 4 需要 $O((m-i+1)^2)$ 时间,这正比于当前簇个数的平方。步骤 5 只需要 $O(m-i+1)$ 时间,在合并两个簇后更新邻近度矩阵,时间复杂度将为 $O(m^3)$。如果某个簇到其它所有簇的距离存放在一个有序表或堆中,则查找两个最近簇的开销可能降低到 $O(m-i+1)$。然而,加上维度有序表或堆的附加开销,层次聚类所需要的总时间为 $O(m^2 \log m)$。层次聚类的空间和时间复杂度严重地限制了它所能够处理的数据集的大小。

6.3.4 特点分析

研究表明,层次聚类算法采用自顶向下或自底而上的策略,进行分层聚类,具有单调性特征。层次聚类算法通常聚类效果较好,因此在很多领域中得到了广泛的使用。但是,层次聚类算法适用于小规模数据点集,当数据规模增加时,时间复杂度和空间复杂度将大幅增加。另一方面,层次聚类算法对噪声点和异常点比较敏感。

6.3.5 例题分析

【例 6-4】 表 6-3 显示了 6 个二维点的样本数据以及图 6-11 中的对应的坐标分布。利用最短距离法将下面的数据集凝聚层次聚类为 1 个簇。

第6章 聚 类

表 6-3 样本数据集

点	x 坐标	y 坐标
p1	0.400 5	0.530 6
p2	0.214 8	0.385 4
p3	0.345 7	0.315 6
p4	0.265 2	0.187 5
p5	0.078 9	0.413 9
p6	0.454 8	0.302 2

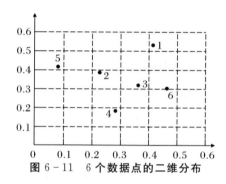

图 6-11 6 个数据点的二维分布

解：(1) 利用欧氏距离计算得到数据点间的欧氏距离如表 6-4 所示，可得 p_3 和 p_6 的距离最近，进行合并，如图 6-12 所示。

表 6-4 6 个点的欧氏距离矩阵

	p_1	p_2	p_3	p_4	p_5	p_6
p_1	0.000 0	0.235 7	0.221 8	0.368 8	0.342 1	0.234 7
p_2		0.000 0	0.148 8	0.204 2	0.138 8	0.254 0
p_3			0.000 0	0.151 3	0.284 3	0.110 0
p_4				0.000 0	0.293 2	0.221 6
p_5					0.000 0	0.392 1
p_6						0.000 0

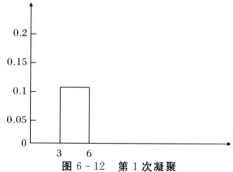

图 6-12 第 1 次凝聚

(2) 计算新簇与其他簇的距离，同时更新邻近度矩阵如表 6-5 所示，并将邻近度最小的 p_2 和 p_5 进行合并，如图 6-13 所示。

$$\text{dist}(\{3,6\},\{1\}) = \min(\text{dist}(3,1), \text{dist}(6,1)) = \min(0.221\ 8, 0.234\ 7) = 0.221\ 8$$

dist({3,6},{2})=min(dist(3,2),dist(6,2))=min(0.148 3,0.254 0)=0.148 3
dist({3,6},{4})=min(dist(3,4),dist(6,4))=min(0.151 3,0.221 6)=0.151 3
dist({3,6},{5})=min(dist(3,5),dist(6,5))=min(0.284 3,0.392 1)=0.284 3

表 6-5 第 1 次凝聚后邻近度矩阵

	p_1	p_2	p_3	p_4	p_5
p_1	0.000 0	0.235 7	0.221 8	0.368 8	0.342 1
p_2		0.000 0	0.148 8	0.204 2	0.138 8
$p_3 \cup p_6$			0.000 0	0.151 3	0.284 3
p_4				0.000 0	0.293 2
p_5					0.000 0

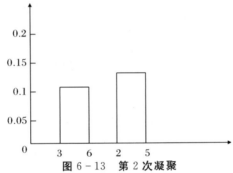

图 6-13 第 2 次凝聚

(3)继续计算新簇与其他簇的距离,同时更新邻近度矩阵如表 6-6,并将邻近度最小的 $p_2 \cup p_5$ 和 $p_3 \cup p_6$ 进行合并,如图 6-14 所示。

dist({2,5},{1})=min(dist(2,1),dist(5,1))=min(0.235 7,0.342 1)=0.235 7
dist({3,6},{2,5})=min(dist(3,2),dist(6,2),dist(3,5),dist(6,5))=min(0.148 3, 0.254 0,0.284 3,0.392 1)=0.148 3
dist({2,5},{4})=min(dist(2,4),dist(5,4))=min(0.204 2,0.293 2)=0.204 2

表 6-6 第 2 次凝聚后邻近度矩阵

	p_1	p_2	p_3	p_4
p_1	0.000 0	0.235 7	0.221 8	0.368 8
$p_2 \cup p_5$		0.000 0	0.148 8	0.204 2
$p_3 \cup p_6$			0.000 0	0.151 3
p_4				0.000 0

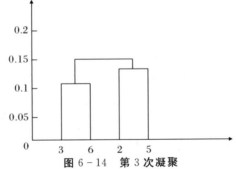

图 6-14 第 3 次凝聚

(4)继续计算新簇与其他簇的距离,同时更新邻近度矩阵如表 6-7 所示,并将邻近度最小的 p_4 与 $p_2 \cup p_5 \cup p_3 \cup p_6$ 进行合并,如图 6-15 所示。

$\mathrm{dist}(\{2,5,3,6\},\{1\}) = \min(\mathrm{dist}(2,1),\mathrm{dist}(5,1),\mathrm{dist}(3,1),\mathrm{dist}(6,1)) = \min(0.2357, 0.3421, 0.2218, 0.2347) = 0.2218$

$\mathrm{dist}(\{2,5,3,6\},\{4\}) = \min(\mathrm{dist}(2,4),\mathrm{dist}(5,4),\mathrm{dist}(3,4),\mathrm{dist}(6,4)) = \min(0.2042, 0.2932, 0.1513, 0.2216) = 0.1513$

表 6-7 第 3 次凝聚后邻近度矩阵

	p_1	p_2	p_3	p_4	p_5
p_1	0.0000	0.2357	0.2218	0.3688	0.3421
p_2		0.0000	0.1488	0.2042	0.1388
$p_3 \cup p_6$			0.0000	0.1513	0.2843
p_4				0.0000	0.2932
p_5					0.0000

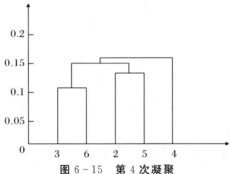

图 6-15 第 4 次凝聚

(5)最后凝聚剩下的两个簇,结果如图 6-16 所示。

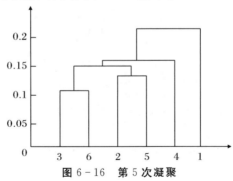

图 6-16 第 5 次凝聚

6.4 密度聚类

基于密度的聚类方法将聚类视为数据空间中对象的密度区域,该区域的对象通过低密度(噪声)区域加以区分,这些区域可以有任意的形状如图 6-17 所示。该方法的关键概念为密度和连接性,这两个概念都根据最近邻的局部分布来度量。以低维数据为目标的 DBSCAN(Density-Based Spatial Clustering of Application with Noise)算法是基于密度的聚类算法分类的主要代表。DBSCAN 算法能够识别聚类的主要原因在于每个聚类中都有一个典型的点密度比聚类外的点高得多。此外,噪声区域内点的密度比其他任何聚类的密度要低。

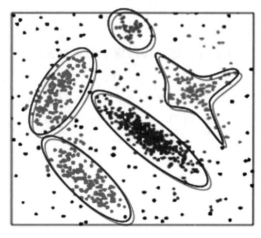

图 6-17 密度聚类

DBSCAN 算法基于两个主要的概念:密度可达性和密度可连接性。这两个概念依赖于 DBSCAN 聚类的两个输入参数:密度的大小以及聚类的最小值点(minPts)。密度,点在 Eps 近邻之内的点计数(包括点本身)估计。DBSCAN 算法的核心思想是,对聚类中的每个点,给定近邻 Eps 的密度超过预定的阈值。例如,如图 6-18 所示,点 p 的近邻 Eps 仅包含 3 个点,而点 q 包含 9 个点,显然 q 的密度比 p 的密度更高。

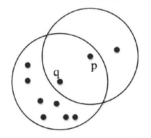

图 6-18 点 p 与 q 的密度

密度可达性定义了两个相邻的点是否属于同一个聚类。如果满足以下两个条件,则称点 p_1 与点 p_2 是密度可达的:

(1)两个点足够近。满足 $distance(p_1,p_2)<6$。

(2)p_2 点的近邻:具有足够多的点,$distance(r,p_2)>minPts$,其中 r 是一些数据库点。如图 6-18 所示,可以从点 q 到达点 p。

密度可连接性是 DBSCAN 的下一个构建步骤。点 p_0 和点 p_n 是密度可连接的,如果 p_0 到 p_n 之间存在一个密度可达性点序列 $(p_0,p_1,p_2,\cdots)$,其中 p_i 到 p_{i+1} 是密度可达的。上述思想转换到 DBSCAN 聚类作为所有密度连接点的集合。

第 6 章 聚 类

聚类过程的基础是将数据集中的点分为核心点、边界点、噪声点如图 6-19 所示。给定邻域内的点的个数超过给定的阈值 minPts 为核心点。给定邻域内的点数小于 minPts,但落在某个核心点的邻域内为边界点。既非核心点也非边界点的点称为噪声点。

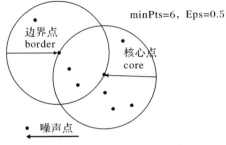

图 6-19 核心点、边界点、噪声点

DBSCAN 聚类的参数 Eps 和 minPts 必须提前设置。但没有一种简单的方法可以提前得到数据库中所有聚类的这些信息。因此,DBSCAN 使用 Eps 和 minPts 的全局值;所谓全局值,即所有聚类的相同值。DBSCAN 算法的主要步骤如算法 6-3 所示。

算法 6-3　DBSCAN 算法

1:随机选择点 p;
2:repeat
3:根据 Eps 和 minPts 参数检索与 p 密度可达的点;
4:如果 p 是核心点,形成新的聚类或者扩展已经存在的聚类;
5:如果 p 是边界点,且没有点与 p 是密度可达的,则 DBSCAN 访问数据库中的下一个点;
6:until 处理数据库中所有的点,直到数据库中所有的点都被处理。

因为采用了全局值 Eps 和 minPts,如果具有不同密度的两个聚类相互之间非常"接近",算法会将两个聚类融合为一个。如果聚类间的距离低于 Eps,则称两个聚类非常"接近"。

图 6-20 举例说明了采用 DBSCAN 算法获得的聚类,DBSCAN 正确发现了所有聚类,不依赖聚类的大小、形状和彼此相对的位置。

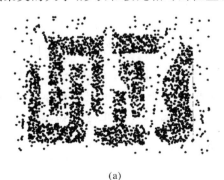
(a)

(b)

图 6-19　DBSCAN 建立的不同形状的聚类
(a)原始数据;(b)聚类结果

6.4.1 DBSCAN 的参数

确定参数 Eps 和 MinPts 的问题。基本方法是观察点到它的 k 个最近邻的距离(称为 k-距离)的特性。对于属于某个簇的点,如果 k 不大于簇的大小的话,则 k-距离将很小。注意,尽管因簇的密度和点的随机分布不同而有一些变化,但是如果簇密度的差异不是很极端的话,在平均情况下变化不会太大。然而,对于不在簇中的点(如噪声点),k-距离将相对较大。因此,如果我们对于某个 k,计算所有点的 k-距离,以递增次序将它们排序,然后绘制排序后的值,则我们会看到 k-距离的急剧变化,对应于合适的 Eps 值。如果我们选取该距离为 Eps 参数,而取 k 的值为 minPts 参数,则 k-距离小于 Eps 的点将被标记为核心点,而其他点将被标记为噪声或边界点。

6.4.2 变密度的簇

若簇的密度变化很大,则 DBSCAN 可能会有问题。考虑图 6-21,它包含 4 个埋藏在噪声中的簇。簇和噪声区域的密度由它们的明暗度指出。较密的两个簇 A 和 B 周围的噪声的密度与簇 C 和 D 的密度相同。若 Eps 阈值足够低,使得 DBSCAN 可以发现簇 C 和 D,则簇 A,B 和包围它们的点将变成单个簇。若 Eps 阈值足够高,使得 DBSCAN 可以发现簇 A 和 B,并且将包围它们的点标记为噪声,则 C,D 和包围它们的点也将被标记为噪声。

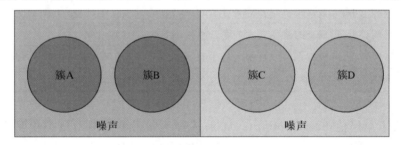

图 6-21 埋藏在噪声中的 4 个簇

6.4.3 时间复杂性和空间复杂性

DBSCAN 的基本时间复杂度是 $O(m \times$ 找出 Eps 邻域中的点所需要的时间),其中 m 是点的个数。在最坏情况下,时间复杂度是 $O(m^2)$。然而,在低维空间,有一些数据结构,如 kd 树,可以有效地检索特定点给定距离内的所有点,时间复杂度可以降低到 $O(m\log m)$。即便对于高维数据,DBSCAN 的空间也是 $O(m)$,因为对每个点,它只需要维持少量数据,即簇标号和每个点是核心点、边界点还是噪声点的标识。

6.4.4 DBSCAN 算法的主要优势

DBSCAN 算法的优势主要体现在以下几方面:

(1) DBSCAN 不需要事先确定聚类的数目,这与 k-均值和其他常见的聚类算法不同;

(2) DBSCAN 可以适用于任意形状的聚类;

(3) DBSCAN 考虑了噪声问题,消除了聚类中的异常点;

(4) DBSCAN 仅需要两个参数,对数据库中点的顺序最不敏感。

习 题

6.1 简述 k-均值聚类算法的基本思想。

6.2 简述聚类算法与分类算法的异同?

6.3 给定 5 维数据点 $A=\{1,0,3,5,2\}$ 和 $B=\{3,2,1,4,3\}$,计算:

(1) A 和 B 间的欧氏距离;

(2) A 和 B 间的曼哈顿距离;

(3) A 和 B 间的闵可夫斯基距离;

(4) A 和 B 间的余弦相似性度量。

6.4 给定 5 维数据点 $C=\{A,B,A,B,A,B\}$ 和 $D=\{B,A,B,B,A,B\}$,计算:

(1) C 和 D 间的简单匹配系数 SMC;

(2) C 和 D 间的 Jaccard 系数;

(3) C 和 D 间的 Rao 系数。

6.5 利用 k-均值聚类算法对表 6-8 数据集进行聚类分析。

表 6-8 鸢尾花数据集

序号	花萼长度	花萼宽度	花瓣长度	花瓣宽度
1	5.1	3.5	1.4	0.2
2	4.9	3.0	1.4	0.2
3	4.7	3.2	1.3	0.2
4	4.6	3.1	1.5	0.2
5	5.0	3.6	1.4	0.2
6	7.0	3.2	4.7	1.4
7	6.4	3.2	4.5	1.5
8	6.9	3.1	4.9	1.5
9	5.5	2.3	4.0	1.3
10	6.5	2.8	4.6	1.5
11	6.3	3.3	6.0	2.5
12	5.8	2.7	5.1	1.9
13	7.1	3.0	5.9	2.1
14	6.3	2.9	5.6	1.8
15	6.5	3.0	5.8	2.2

6.6 利用凝聚层次聚类算法分析下列 5 个二维数据点集,见表 6-9。

表 6-9 5 个二维数据点集

点	X_1	X_2
T_1	0	1
T_2	1	1
T_3	3	3
T_4	3	4
T_5	4	3

(1) 使用单链接相似性度量;
(2) 使用全链接相似性度量。

参 考 文 献

[1] MEHMED KANTARDZIC. Data Mining · Concepts Models Methods and Algorithms, Third Edition[M]. 李晓峰,刘刚,译. 北京:清华大学出版社,2021.
[2] JURE LESKOVEC, ANAND RAJARAMAN, JEFFREY DAVID ULLMAN. 斯坦福数据挖掘教程[M]. 3 版. 北京:人民邮电出版社,2021.
[3] PANGNING TAN, MICHAEL STEINBACH, VIPIN KUMAR. 数据挖掘导论[M]. 范明,范宏建,译. 北京:人民邮电出版社,2010.
[4] MOHAMMED J. ZAKI, WAGNER MEIRA JR. 数据挖掘与分析:概念与算法[M]. 吴诚堃,译. 北京:人民邮电出版社,2017.
[5] 王学民. 应用多元统计分析[M]. 上海:上海财经大学出版社,2018.
[6] 李爱国,库向阳. 数据挖掘原理、算法及应用[M]. 西安:西安电子科技大学出版社,2018.
[7] 周志华. 机器学习[M]. 北京:清华大学出版社,2018.
[8] 费宇,郭民之,等. 多元统计分析——基于 R[M]. 北京:中国人民大学出版社,2018.

第7章 相关与回归分析

相关与回归分析是分析变量之间关系的统计方法,从变量的数量来看,只有两个变量之间的关系,称为简单相关与简单回归;若是两个以上变量之间的关系,称为多元相关与多元回归。从变量之间的形态来看,有线性相关与线性回归分析,与之相反的是非线性相关与非线性回归分析。本章我们主要介绍简单线性相关和简单线性回归的基本原理和方法。

7.1 变量间关系的度量

7.1.1 变量间的关系

日常生活中,我们要经常对变量之间的关系进行分析,比如,在企业生产中,需要对销量与成本关系进行分析,以便达到利益最大化;在农业生产中,需要研究农作物产量与施肥量之间的关系,以便得到农业产量最大化;等等。从统计上看,变量之间的关系形态可分为函数关系和相关关系两种。

(1)函数关系是我们所熟悉的,设有两个变量 x 和 y,变量 y 随着 x 一起变化,当变量 x 取某一个值时,y 依照确定的关系取相应的值,则称为 y 是 x 的函数,记为 $y=f(x)$,其中 x 为自变量,y 为因变量。

现象与现象之间关系如果能够使用数值来描述,就形成了变量与变量之间的关系,有时候这种关系不是严格的函数关系。也就是说,当一个变量或几个变量取一个数值时,对应变量的数值也会变化,但是具体数值的函数变化规律是不确定的。例如,人的身高与体重之间的关系就属于相关关系,就全社会而言,对于具有同样身高的人,体重的数值未必相同,也就是说,同样的身高数值对应的体重数值是不确定的,但是体重数值却是随着"身高越高,体重越大"这个规律变化的,因此两者是一种相关关系。再比如,出租房面积变量与租金变量之间也属于相关关系,当给定一个出租房的面积时,出租房的出租价格是波动和不确定的,但是房租会随着出租房面积的大小变化而变化的。我们把变量之间存在的不确定的数量关系,称为相关关系。

(2)相关关系从不同的角度看有不同的分类方式。按照相关关系的强度来分类,可以分为完全相关、弱相关和不相关3种。也能按照相关关系的方向进行分类,可以分为正相关和负相关。

按照相关关系的形态来分类,可以分为线性相关关系和非线性相关关系。在二维直角坐标系中,当两个变量的观测值大致分布在一条直线上,就可以说这两个变量是线性相关关系,若两个变量的观测值不在一条直线上,而是呈现曲线或者抛物线等其他形式,那么可以肯定这两个变量是非线性相关关系。

还有一种相关关系的分类是指按照变量的个数进行分类,可以分为单相关关系,复相关关系和偏相关关系。单相关关系是指两个变量之间的关系,这两个变量中,一个是因变量,一个是自变量,两个变量的相关关系分析被称为二元变量相关分析。复相关关系是指三个或者三个以上变量之间的关系,即一个因变量对两个或者两个以上的自变量的相关关系,复相关关系也被称为多重相关关系。偏相关关系综合了单相关关系和复相关关系的特点,当一个因变量与多个自变量相关,但是只关心因变量与其中一个自变量的关系,需要屏蔽其他自变量对因变量的影响,将需要屏蔽的变量看作常量,这样的相关关系就叫做偏相关关系。

7.1.2 相关关系的描述与测度

相关分析就是对两个变量之间关系的描述与度量。它要解决的问题包括以下几种。
(1)变量之间是否存在关系? 若存在关系,是一种怎样的关系?
(2)变量之间的关系强度如何呢,怎样来度量?
(3)样本所反映的变量之间的关系能否代表总体变量之间的关系?
为解决这些问题,对总体有两个假设:
(1)两个变量之间是线性关系。
(2)两个变量都是随机变量。

在进行相关分析时,首先需要绘制散点图来判断变量之间的关系形态,如果是线性关系,则可以利用相关系数来表示两个变量之间的关系强度,最后对相关系数进行显著性检验,以判断样本所反映的关系能否用来代表两个变量总体上的关系。

1. 散点图

散点图是描述相关关系类型的直观工具,特别适用于单相关关系,也就是只涉及两个变量的二元变量相关分析。

对于两个变量 x 和 y,通过观察和实验可以得到若干组数据,记为 (x_i, y_i) ($i=1,2,\cdots,n$)。用坐标的水平轴代表自变量 x,纵轴代表因变量 y,每组数据 (x_i, y_i) 在坐标系中用一个点表示,n 组数据在坐标系中形成 n 个点称为散点,由坐标及其散点形成的二维数据图称为散点图。

根据散点图可以非常直观的初步判断两个变量之间是否存在相关关系,以及是何种相关关系,判断相关关系是散点图的主要功能。不同散点图的形态如图 7-1 所示。

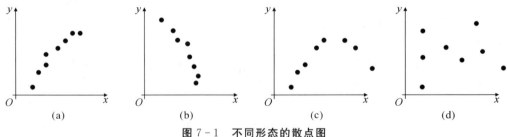

图 7-1 不同形态的散点图
(a)正相关关系;(b)负相关关系;(c)非线性相关关系;(d)不相关关系

第7章 相关与回归分析

虽然散点图能够帮助我们直观地判断两个变量之间是否存在相关关系,但是它的局限性也是非常明显的,它只适用于两个变量的相关关系判断(单相关关系),无法用于涉及多个变量的多重相关关系分析和偏相关关系分析。因为散点图的局限性,所以在相关关系分析中相关系数的确定也是非常重要的内容。相关系数是相关关系分析的指标性数据,不仅能够表明变量之间是否存在相关关系,还能够量化相关关系的强度大小。

【例7-1】 一家大型商业银行所属分行近年来不良贷款居高不下,为了找出原因,需要根据相关数据进行定量分析,表7-1是该银行所属的25家分行的有关业务数据。

表7-1 某商业银行的业务数据(单位:亿元)

编号	不良贷款	各项贷款余额	本年累计应收贷款	贷款项目个数	本年固定资产投资额
1	0.9	67.3	6.8	5	51.9
2	1.1	111.3	19.8	16	90.9
3	4.8	173.0	7.7	17	73.7
4	3.2	80.8	7.2	10	14.5
5	7.8	199.7	16.5	19	63.2
6	2.7	16.2	2.2	1	2.2
7	1.6	107.4	10.7	17	20.2
8	12.5	185.4	27.1	18	43.8
9	1.0	96.1	1.7	10	55.9
10	2.6	72.8	9.1	14	64.3
11	0.3	64.2	2.1	11	42.7
12	4.0	132.2	11.2	23	76.7
13	0.8	58.6	6.0	14	22.8
14	3.5	174.6	12.7	26	117.1
15	10.2	263.5	15.6	34	146.7
16	3.0	79.3	8.9	15	29.9
17	0.2	14.8	0.6	2	42.1
18	0.4	73.5	5.9	11	25.3
19	1.0	24.7	5.0	4	13.4
20	6.8	139.4	7.2	28	64.3
21	11.6	368.2	16.8	32	163.9
22	1.6	95.7	3.8	10	44.5
23	1.2	109.6	10.3	14	67.9
24	7.2	196.2	15.8	16	39.7
25	3.2	102.2	12.0	10	97.1

想知道不良贷款是否与各项贷款余额、本年累计应收贷款、贷款项目个数、本年固定资产投资额有关,如果有关系,它们之间又是怎样的关系? 关系强度如何? 我们可以通过散点图来分析不良贷款与各项贷款余额、本年累计应收贷款、贷款项目个数、本年固定资产投资额之间的关系。

用 EXCEL 绘制的散点图如图 7-2 所示:

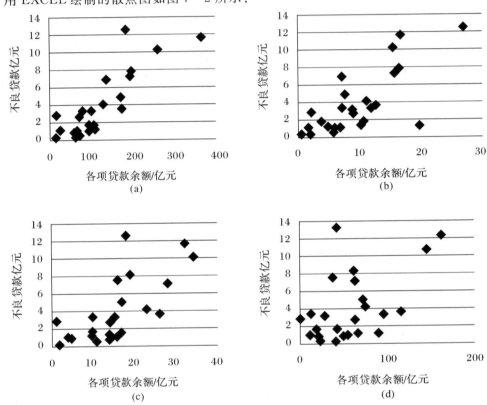

图 7-2 散点图

由图 7-2 可知,不良贷款与各项贷款余额、本年累计应收贷款、贷款项目个数、本年固定资产投资额之间都有一定的线性关系,相比较而言,其中不良贷款与各项贷款余额线性关系最密切,与本年固定资产投资额关系最不密切。

2. 相关系数

样本数据计算中度量两个变量之间线性关系强度的统计量称为相关系数。若相关系数是根据总体全部数据计算的,称为总体相关系数,记为 ρ;若是根据样本数据计算的,则称为样本相关系数,记为 γ。常用的两个变量的简单线性相关系数有皮尔森(Pearson)相关系数、斯皮尔曼(Spearman)相关系数和肯达尔(Kendall)相关系数,本文我们只介绍皮尔森相关系数。

皮尔森相关系数也称皮尔森乘积-矩相关系数,是一种线性相关系数,是最常用的一种相关系数。假设有两个连续型变量 X,Y,且服从正态分布,对于每一对观测值 (X_i, Y_i),皮尔森相关系数计算公式为

第7章 相关与回归分析

$$\gamma = \frac{\sigma_{XY}^2}{\sigma_X \sigma_Y} = \frac{\sum(X-\bar{X})(Y-\bar{Y})/n}{\sqrt{\sum((X-\bar{X})^2)/n}\sqrt{\sum((Y-\bar{Y})^2)/n}} \qquad (7-1)$$

式中,$\bar{x}$ 表示 X 的样本均值,$\bar{y}$ 表示 Y 的样本均值。

如果根据样本数据的原始数据进行计算 γ,则上式可以简化如下:

$$\gamma = \frac{\sum_{i=1}^{n}(X_i-\bar{X})(Y_i-\bar{Y})}{\sqrt{\sum_{i=1}^{n}(X_i-\bar{X})^2 \sum(Y_i-\bar{Y})^2}} = \frac{n\sum_{i=1}^{n}X_iY_i - \sum_{i=1}^{n}X_i\sum_{i=1}^{n}Y_i}{\sqrt{n\sum_{i=1}^{n}X_i^2 - (\sum_{i=1}^{n}X_i)^2}\sqrt{n\sum_{i=1}^{n}Y_i^2 - (\sum_{i=1}^{n}Y_i)^2}}$$

$$(7-2)$$

为解释皮尔森相关系数各数值的含义,首先需要对皮尔森相关系数 γ 的性质有所了解,皮尔森相关系数的性质可总结如下:

(1)γ 的取值范围在 $-1 \sim 1$ 之间,即 $-1 \leqslant \gamma \leqslant 1$。若 $0 < \gamma \leqslant 1$ 时,表明 X 与 Y 之间存在正相关关系;若 $-1 \leqslant \gamma < 0$ 时,表明 X 与 Y 之间存在着负相关关系;γ 越靠近 1 或者 -1 时,X 与 Y 之间的线性关系越强,$\gamma=1$ 时,表明 X 与 Y 之间为完全正线性相关关系,$\gamma=-1$ 时,表明与之间为完全负线性相关关系。当 $\gamma=0$ 时,表明 X 与 Y 之间不存在线性相关关系。

在说明两个变量之间的线性关系的密切程度时,根据经验可将相关程度分为以下几种情况,如表 7-2 所示。

表 7-2 皮尔森相关系数情况分布表

皮尔森相关系数绝对值	线性相关关系强度
$|\gamma|=0$	不相关
$0<|\gamma|\leqslant 0.3$	弱相关
$0.3<|\gamma|\leqslant 0.5$	低度相关
$0.5<|\gamma|\leqslant 0.8$	中度相关
$0.8<|\gamma|<1$	高度相关
$|\gamma|=1$	完全相关

(2)γ 刻画的是 X 与 Y 之间线性关系的强弱,它不能描述非线性关系。若 $\gamma=0$ 只表示两个变量之间不存在线性相关关系,并不能说明两个变量之间没有任何关系,它们之间可能存在着非线性关系。变量之间的非线性相关强度较大时,可能会导致 $\gamma=0$。因此,当 $\gamma=0$ 或者无限接近 0 时,不能轻易得出两个变量之间不存在相关关系的结论,而应结合散点图做出判断。

(3)γ 具有对称性。X 与 Y 之间的皮尔森相关系数 γ_{XY} 和 Y 与 X 之间的皮尔森相关系数 γ_{YX} 相等,即 $\gamma_{XY}=\gamma_{YX}$。

以上的解释必须建立在对皮尔森相关系数的显著性检验的基础上的,下面我们开始介绍相关关系的显著性检验。

一般情况下，总体皮尔森相关系数 ρ 是未知的，当计算相关系数时，往往使用的是样本数据，于是就用样本皮尔森相关系数 γ 作为 ρ 的近似估计值。但由于 γ 是根据样本数据计算出来的，它受到样本抽样波动的影响。由于每次抽取的样本不同，γ 的结果就不同，因此 γ 是一个随机变量。能否根据样本皮尔森相关系数来表示总体的相关系数呢？这就需要考察样本皮尔森相关系数的可靠性，也就是进行显著性检验。

对总体皮尔森相关系数 ρ 的显著性进行检验，通常采用 R. A. Fisher 提出的 t 分布检验，该检验可以用于小样本，也可以用于大样本。检验的具体步骤如下：

第 1 步：提出假设，确定原假设和备择假设：

原假设 H_0：$\rho=0$（两个变量之间不存在线性相关性）

备择假设 H_1：$\rho\neq0$（两个变量之间存在显著线性相关性）

第 2 步：计算检验统计量：

$$t=\frac{|\gamma|}{\sqrt{\frac{1-\gamma^2}{n-2}}}\sim t(n-2)$$

该统计量服从自由度为 $n-2$ 的 t 分布。

第 3 步：进行决策。根据给定的显著性水平 α 和自由度 $n-2$ 查 t 分布表，得出 $t_{\frac{\alpha}{2}}(n-2)$ 的临界值。若 $|t|>t_{\frac{\alpha}{2}}(n-2)$，则拒绝原假设 H_0，若 $|t|<t_{\frac{\alpha}{2}}(n-2)$，则不拒绝原假设 H_0，表明总体的两个变量之间不存在显著的线性关系。

接受备择假设 H_1，表明总体的两个变量之间存在显著的线性关系。

【例 7-2】 根据例 7-1 中的数据，分别计算不良贷款、各项贷款余额、本年累计应收贷款、贷款项目个数、本年固定资产投资额之间的皮尔森相关系数。检验不良贷款与各项贷款余额之间的皮尔森相关系数是否显著（$\alpha=0.05$）。

现在将各项贷款余额定义为变量 X，不良贷款定义为变量 Y，两个变量的皮尔森相关系数计算过程如表 7-3。

表 7-3 不良贷款与各项贷款余额之间的计算过程

序 号	X	Y	XY	X^2	Y^2
1	67.3	0.9	60.57	4 529.29	0.81
2	111.3	1.1	122.43	12 387.69	1.21
3	173.0	4.8	830.40	29 929	23.04
4	80.8	3.2	258.56	6 528.64	10.24
5	199.7	7.8	1 557.66	39 880.09	60.84
6	16.2	2.7	43.74	262.44	7.29
7	107.4	1.6	171.84	11 534.76	2.56
8	185.4	12.5	2 317.50	34 373.16	156.25
9	96.1	1.0	96.10	9 235.21	1.00
10	72.8	2.6	189.28	5 299.84	6.76
11	64.2	0.3	19.26	4 121.64	0.09

续 表

序 号	X	Y	XY	X²	Y²
12	132.2	4.0	528.8	17 476.84	16.00
13	58.6	0.8	46.88	3 433.96	0.64
14	174.6	3.5	611.1	30 485.16	12.25
15	263.5	10.2	2 687.7	69 432.25	104.04
16	79.3	3.0	237.9	6 288.49	9.00
17	14.8	0.2	2.96	219.04	0.04
18	73.5	0.4	29.4	5 402.25	0.16
19	24.7	1.0	24.7	610.09	1.00
20	139.4	6.8	947.92	19 432.36	46.24
21	368.2	11.6	4 271.12	135 571.2	134.56
22	95.7	1.6	153.12	9 158.49	2.56
23	109.6	1.2	131.52	12 012.16	1.44
24	196.2	7.2	1 412.64	38 494.44	51.84
25	102.2	3.2	327.04	10 444.84	10.24
∑	3 006.7	93.2	17 080.14	516 543.4	660.10

解：根据公式(7-2)计算不良贷款与各项贷款余额之间的相关关系：

$$\gamma = \frac{n\sum_{i=1}^{n}X_iY_i - \sum_{i=1}^{n}X_i\sum_{i=1}^{n}Y_i}{\sqrt{n\sum_{i=1}^{n}X_i^2 - (\sum_{i=1}^{n}X_i)^2}\sqrt{n\sum_{i=1}^{n}Y_i^2 - (\sum_{i=1}^{n}Y_i)^2}} =$$

$$\frac{25 \times 17\,080.14 - 3\,006.7 \times 93.2}{\sqrt{25 \times 516\,543.4 - 3\,006.7^2}\sqrt{25 \times 660.1 - 93.2^2}} = \frac{427\,003.5 - 280\,224.44}{1\,968.08 \times 88.41} = \frac{146\,779.06}{173\,997.95} = 0.843\,6$$

同样的方法，依次计算不良贷款与累计应收贷款、贷款项目个数、固定资产投资额的皮尔森相关系数如表7-4所示。

表7-4 皮尔森相关系数

Y \ X	累计应收贷款	贷款项目个数	固定资产投资额
不良贷款	0.731 5	0.700 3	0.518 5

从以上的计算结果，我们可以看出，不良贷款与各项贷款余额线性关系比较密切，与本年固定资产投资额关系最不密切，这与我们前面画的散点图得到的结果是一致的。

现在来检验不良贷款与各项贷款余额的皮尔森相关系数的显著性。

第 1 步:提出假设,确定原假设和备择假设:

原假设 $H_0:\rho=0$(两个变量之间不存在线性相关性)

备择假设 $H_1:\rho\neq 0$(两个变量之间存在显著线性相关性)

第 2 步:计算检验的统计量:

$$t=\frac{|\gamma|}{\sqrt{\frac{1-\gamma^2}{n-2}}}=\frac{|0.8436|}{\sqrt{\frac{1-0.8436^2}{25-2}}}=7.5344$$

第 3 步:进行决策。根据给定的显著性水平 $\alpha=0.05$ 和自由度 $n-2=25-2=23$ 查 t 分布表,得出 $t_{\frac{\alpha}{2}}(n-2)=2.0687$。因为 $t>t_{\frac{\alpha}{2}}(n-2)$,则拒绝原假设 H_0,表明总体的两个变量不良贷款与各项贷款余额之间存在显著的线性关系。

7.2 一元线性回归

在客观世界中普遍存在着变量之间的关系。变量之间的关系一般来说可分为确定性的与非确定性的两种。确定性关系是指变量之间的关系可以用函数关系来表达的。非确定性关系就是我们上节说的相关关系,例如,人的血压与年龄之间存在着这种关系,但相同年龄的人血压往往不相同。气象中的温度与湿度之间的关系也是这样,我们所涉及的变量(血压、温度)都是随机的。回归分析就是研究这种关系的一种数学工具,它能帮助我们从一个变量的值去估计另一个变量的值。回归分析主要解决以下几种问题:

(1)由一组样本数据,确定变量之间的数学关系式。

(2)对得到的数学关系式的可信程度进行各种统计检验,并从找出哪些变量的影响是显著的,哪些是不显著的。

(3)利用所求的数学关系式,根据一个或几个变量的取值来估计或预测另一个变量的取值,并给出这种估计或预测的可靠程度。

7.2.1 一元线性回归模型

进行回归分析时,首先需要确定哪个变量是因变量,哪个变量是自变量。在回归分析中,被预测或被解释的变量称为因变量,通常用 Y 来表示,用来预测或解释因变量的一个或多个变量称为自变量,通常用 X 来表示。当回归中只涉及一个自变量并且因变量与自变量之间为线性关系时,称它们为一元线性回归。

假定因变量 Y 和自变量 X 之间的关系可用线性模型表示为

$$Y=\beta_0+\beta_1 X+\varepsilon \tag{7-3}$$

式中,β_0 和 β_1 是模型的参数,ε 是一个不可观测的可正可负的随机变量,称为随机扰动或者误差。

假定在所研究的观测范围内,式(7-3)是对 Y 和 X 之间真实关系的一种可以接受的近似,也就是说,Y 和 X 的关系可以用一个 X 的线性函数近似地表示,ε 是这种近似的偏差。要特别说明的是,ε 只是随机误差,不再包含 Y 和 X 之间关系的任何信息。

回归分析与相关分析的重要区别是,相关系数具有对称性,X 与 Y 同等重要;而在回归分析中,因变量 Y 是最重要的,自变量 X 的重要性取决于它对因变量 Y 的变差的解释能力,而不是本身,因此 Y 是最重要的。

式(7-3)被称为理论回归模型,对这一模型作如下若干基本假设:

(1)自变量 X 和因变量 Y 之间具有线性关系。

(2)在重复抽样中,自变量 X 的取值是固定的,即假设 X 是非随机的。抽取样本时,我们可以把自变量 X 固定在某一个水平上,然后随机地从这一水平的样本中抽取并观测到它的 Y 值记录下来,然后仍把 X 固定在这一水平,再在这一固定水平样本中随机抽取 Y 的值。全部 X 值重复这一个过程,所有这些意味着我们的回归分析是条件回归分析,这就是所谓的在重复抽样中 X 值固定的含义。

(3)随机干扰项 ε 的均值为 0,即 $E(\varepsilon)=0$。这意味着对于任一给定的 X_i,都有 $E(Y_i)=\beta_0+\beta_1 X_i$,这实际上等于假定模型是一条直线,对应于给定的 X_i 的每一个 Y_i 值都是围绕其均值分布的,有些位于均值之上,有些位于均值之下。离均值的上方和下方的距离就是 ε_i,正的 ε_i 抵消了负的 ε_i,以致于 ε 对 Y 的平均影响为零。

(4)对于所有的 X 取值,ε 的方差都相同,即 $Var(\varepsilon_i|X_i)=\sigma^2$,这样我们就得到了 Y 的方差都等于 σ^2。

(5)随机干扰项 ε 是一个服从正态分布的随机变量且相互独立,即 $\varepsilon\sim N(0,\sigma^2)$。独立意味着给定任意一个 X_i 对应的 ε_i 和其他 $X_j(i\neq j)$ 对应的 ε_j 之间不相关,因此一个特定的 X_i 对应的 Y_i 和 X_j 对应的 Y_j 不相关。

(6)在 X 取某确定值时,Y 的变化由随机干扰项 ε 的方差 σ^2 所决定。当 σ^2 较小时,Y 的观测值非常靠近均值这条直线,当 σ^2 比较大时,Y 的观测值将偏离均值这条直线,由于 σ^2 是常数,所以 Y 的取值不受 X 的影响,由于自变量 X 在重复抽样时是固定的,对于任一给定的 X_i,Y_i 都服从期望为 $\beta_0+\beta_1 X_i$,方差为 σ^2 的正态分布。

7.2.2 一元线性回归方程

根据模型的假定我们知 $E(\varepsilon)=0$,因此对于 Y 的期望为 $E(Y)=\beta_0+\beta_1 X$,也就是说 Y 的期望是 X 的函数。描述因变量 Y 的期望值与自变量 X 的方程称为回归方程。一元线性回归方程为

$$E(Y)=\beta_0+\beta_1 X \qquad (7-4)$$

式中,β_0 是常数,也被称为截距,当 $X=0$ 时,Y 的取值;β_1 是模型的回归系数,又被称为斜率,当 X 改变一个单位时 Y 的平均改变量。

7.2.3 一元线性估计的回归方程

如果回归方程中的参数 β_0 和 β_1 已知,根据回归方程,给定确定的 X 的值,我们就可以计算出 Y 的期望值。但是回归参数 β_0 和 β_1 往往是未知的,我们可以根据样本数据去估计他们,当样本统计量 $\hat{\beta_0}$,$\hat{\beta_1}$ 代替了未知参数 β_0,β_1 时,就得到了估计的回归方程,形式如下式

$$\hat{Y} = \hat{\beta}_0 + \hat{\beta}_1 X \tag{7-5}$$

式中,$\hat{Y}$为估计值,是根据样本数据求出的回归方程的估计值,$\hat{\beta}_0$为截距,$\hat{\beta}_1$是斜率。

7.2.4 参数估计

利用样本数据对回归方程的参数进行估计,依照不同的准则,采用不同的估计方法,可以得到不同的参数估计值,因此$\hat{Y} = \hat{\beta}_0 + \hat{\beta}_1 X$中估计值$\hat{\beta}_0$、$\hat{\beta}_1$不是唯一的。为了可以从样本数据中得到$\beta_0$、$\beta_1$的理想估计值,也就是得到这些参数的无偏估计,通常采用的是普通最小二乘算法(Ordinary Least Square,OLS)。

通常,真实的回归直线是观测不到的,我们用样本数据的目的就是估计出这条真实的回归直线。怎么估计呢?直观上看,这条直线处于所有样本数据的中心位置最为合理,"处于所有样本数据的中心位置"用数学语言如何描述呢?

设对于给定的X_i,估计的回归方程形式为

$$\hat{Y}_i = \hat{\beta}_0 + \hat{\beta}_1 X_i \tag{7-6}$$

式中,$\hat{Y}_i$是Y_i的估计值,观测值Y_i与估计值$\hat{Y}_i$之间的差值我们用$\hat{\varepsilon}_i$表示,称为残差,如图7-3所示,那么$Y_i = \hat{Y}_i + \hat{\varepsilon}_i = \hat{\beta}_0 + \hat{\beta}_1 X_i + \hat{\varepsilon}_i$称为估计的回归模型。

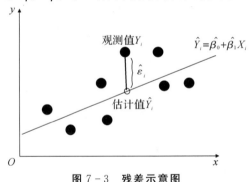

图7-3 残差示意图

估计并确定回归时,通常希望所确定的直线使残差越小越好。如果用"残差之和最小"为标准,可能会出现所计算的残差和存在正负相互抵消的问题;如果用"残差绝对值之和最小"为标准,绝对值计算是麻烦的并且其代数性质不好;如果用"残差平方和最小"为标准,不仅计算方便,而且得到的估计量还具有优良特性,这就是最小二乘法的基本原则,用Q表示残差平方和,则有

$$Q = \sum_{i=1}^{n} \hat{\varepsilon}_i^2 = \sum_{i=1}^{n} (Y_i - \hat{Y}_i)^2 = \sum_{i=1}^{n} (Y_i - \hat{\beta}_0 - \hat{\beta}_1 X_i)^2 \tag{7-7}$$

若通过使Q达到最小值来确定这条直线,则需要以$\hat{\beta}_0$、$\hat{\beta}_1$为变量,把Q看作是$\hat{\beta}_0$、$\hat{\beta}_1$的函数使Q最小,这样就转化为了求解一个函数的极值问题。

求Q对$\hat{\beta}_0$、$\hat{\beta}_1$的偏导数并令它们为零,得

第7章 相关与回归分析

$$\frac{\partial Q}{\partial \hat{\beta}_0} = 2\sum_{i=1}^{n}(Y_i - \hat{\beta}_0 - \hat{\beta}_1 X_i)(-1) = 0 \tag{7-8}$$

$$\frac{\partial Q}{\partial \hat{\beta}_1} = 2\sum_{i=1}^{n}(Y_i - \hat{\beta}_0 - \hat{\beta}_1 X_i)(-X_i) = 0 \tag{7-9}$$

整理式(7-8),可得

$$\hat{\beta}_0 = \bar{Y} - \hat{\beta}_1 \bar{X} \tag{7-10}$$

把式(7-10)代入式(7-9),整理可得

$$\hat{\beta}_1 = \frac{\sum_{i=1}^{n} X_i(Y_i - \bar{Y})}{\sum_{i=1}^{n}(X_i - \bar{X})X_i} \tag{7-11}$$

因为 $\sum_{i=1}^{n} \bar{X}(Y_i - \bar{Y}) = 0$,$\sum_{i=1}^{n} \bar{X}(X_i - \bar{X}) = 0$ 分别在式(7-11)的分子和分母上减去 $\sum_{i=1}^{n} \bar{X}(Y_i - \bar{Y})$、$\sum_{i=1}^{n} \bar{X}(X_i - \bar{X})$,得

$$\hat{\beta}_1 = \frac{\sum_{i=1}^{n} X_i(Y_i - \bar{Y}) - \sum_{i=1}^{n} \bar{X}(Y_i - \bar{Y})}{\sum_{i=1}^{n}(X_i - \bar{X})X_i - \sum_{i=1}^{n} \bar{X}(X_i - \bar{X})} = \frac{\sum_{i=1}^{n}(X_i - \bar{X})(Y_i - \bar{Y})}{\sum_{i=1}^{n}(X_i - \bar{X})^2} = \frac{n\sum_{i=1}^{n} X_i Y_i - \sum_{i=1}^{n} X_i \sum_{i=1}^{n} Y_i}{n\sum_{i=1}^{n} X_i^2 - (\sum_{i=1}^{n} X_i)^2} \tag{7-12}$$

可以得到参数的估计为

$$\left. \begin{array}{l} \hat{\beta}_1 = \dfrac{n\sum_{i=1}^{n} X_i Y_i - \sum_{i=1}^{n} X_i \sum_{i=1}^{n} Y_i}{n\sum_{i=1}^{n} X_i^2 - (\sum_{i=1}^{n} X_i)^2} \\ \hat{\beta}_0 = \bar{Y} - \hat{\beta}_1 \bar{X} \end{array} \right\} \tag{7-13}$$

【例 7-3】 随机从某小区 100 个家庭中抽取 10 户统计每个家庭人均可支配收入和人均消费支出情况,分析不同收入水平下消费支出的情况。样本数据资料如表 7-5 所示。

表 7-5 某小区人均可支配收入与人均消费支出统计数据表(单元:元)

收入	800	1 200	1 600	2 000	2 400	2 800	3 200	3 600	4 000	4 400
支出	720	930	1 210	1 620	2 100	2 400	2 310	2 535	3 260	3 290

解: 可以将人均可支配收入定为自变量 X,人均消费支出定为因变量 Y。

(1)利用散点图判断人均可支配收入和人均消费支出之间的相关关系类型,人均可支配

收入和人均消费支出的散点图如图7-4所示。

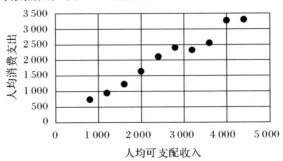

图7-4 人均可支配收入和人均消费支出散点图

由散点图7-4可知,人均可支配收入和人均消费支出之间的相关关系是很明显的线性相关关系。因此可以用一元线性回归分析来求出它们之间的回归方程。

(2)根据样本数据求出回归方程的估计值。整理样本数据,可得到如表7-6所示的计算过程。

表7-6 计算过程

序号	人均可支配收(X)	人均消费支出(Y)	X^2	XY
1	800	720	640 000	576 000
2	1 200	930	1 440 000	1 116 000
3	1 600	1 210	2 560 000	1 936 000
4	2 000	1 620	4 000 000	3 240 000
5	2 400	2 100	5 760 000	5 040 000
6	2 800	2 400	7 840 000	6 720 000
7	3 200	2 310	10 240 000	7 392 000
8	3 600	2 535	12 960 000	9 126 000
9	4 000	3 260	16 000 000	13 040 000
10	4 400	3 290	19 360 000	14 476 000
汇总	26 000	20 375	80 800 000	62 662 000

将表7-6中的数据代入公式(7-13),得到回归系数的估计值$\hat{\beta_0}$,$\hat{\beta_1}$,则有

$$\hat{\beta_1} = \frac{n\sum_{i=1}^{n}X_iY_i - \sum_{i=1}^{n}X_i\sum_{i=1}^{n}Y_i}{n\sum_{i=1}^{n}X_i^2 - (\sum_{i=1}^{n}X_i)^2} = \frac{10 \times 62\ 662\ 000 - 26\ 000 \times 20\ 375}{10 \times 80\ 800\ 000 - 26\ 000 \times 26\ 000} = 0.734$$

$$\hat{\beta_0} = \bar{Y} - \hat{\beta_1}\bar{X} = 2\ 037.5 - 0.734 \times 2\ 600 = 129.1$$

因此,人均可支配收入和人均消费支出的一元线性估计的回归方程表示为

$$Y = 129.1 + 0.734X$$

7.2.5 回归直线的拟合优度

回归方程在一定程度上描述了变量 Y 与 X 之间的数量关系,根据 $\hat{Y}=\hat{\beta}_0+\hat{\beta}_1 X$ 我们可以由自变量的取值来估计或者预测因变量的取值,但估计或者预测的精度如何取决于回归直线对观测数据的拟合程度。如果各个观测数据的点都落在一条直线上,那么这条直线就是对数据的完全拟合,此时用 X 来估计 Y 是完全没有误差的,各观测点越是紧密围绕直线,说明直线对观测数据的拟合程度越好,反之,拟合程度越差。回归直线与各观测点的接近程度称为回归直线对数据的拟合优度。为了说明直线的拟合优度,需要我们计算判定系数。

1. 判定系数

判定系数是对估计的回归方程拟合优度的度量,为说明它的含义,首先我们对因变量取值的变差进行研究。

因变量 Y 的取值的不同称为变差。变差的产生来自两个方面:一是由自变量 X 的取值不同造成的;二是由除 X 以外的其他因素(如测量误差、非线性影响等)的影响造成的。对于一个具体的观测值来说,变差的大小可以用观测值 Y_i 与其均值 $\bar{Y}$ 之差 $(Y_i-\bar{Y})$ 来表示。n 次观测值的总变差可由这些变差的平方和来表示,称为总变差平方和,记为 SST,即

$$\text{SST}=\sum_{i=1}^{n}(Y_i-\bar{Y})^2 \tag{7-14}$$

以一元线性回归方程为例,估计的回归方程为 $\hat{Y}=\hat{\beta}_0+\hat{\beta}_1 X$,由图 7-5 中可以看到,每个观测点的变差可以分解为

$$Y-\bar{Y}=(Y-\hat{Y})+(\hat{Y}-\bar{Y}) \tag{7-15}$$

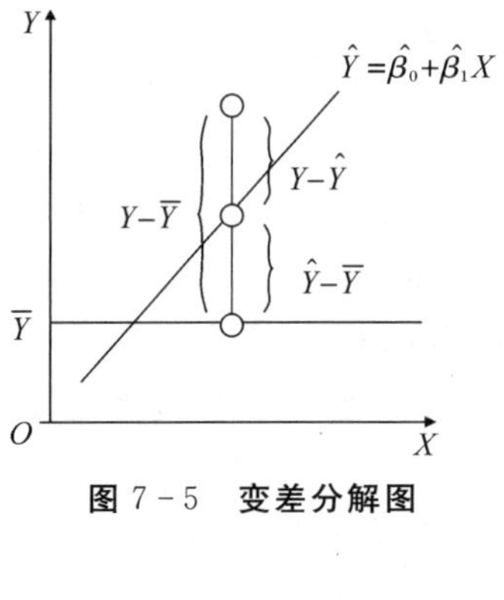

图 7-5 变差分解图

将式(7-15)两边平方,并对所有的点求和,可得

$$\sum_{i=1}^{n}(Y_i-\bar{Y})^2=\sum_{i=1}^{n}(\hat{Y}_i-\bar{Y})^2+\sum_{i=1}^{n}(Y_i-\hat{Y}_i)^2+2\sum_{i=1}^{n}(\hat{Y}_i-\bar{Y})(Y_i-\hat{Y}_i)$$

$$\tag{7-16}$$

式中,$\sum_{i=1}^{n}(\hat{Y}_i-\bar{Y})(Y_i-\hat{Y}_i)=0$,式(7-16)最终可写成

$$\sum_{i=1}^{n}(Y_i-\bar{Y})^2 = \sum_{i=1}^{n}(\hat{Y}_i-\bar{Y})^2 + \sum_{i=1}^{n}(Y_i-\hat{Y}_i)^2 \qquad (7-17)$$

式(7-17)可解释为:总变差平方和 SST 可分解为两部分,即

(1) $\sum_{i=1}^{n}(\hat{Y}_i-\bar{Y})^2$ 是估计值 $\hat{Y}_i$ 与均值 $\bar{Y}$ 的离差平方和,根据估计的回归方程得到估计值 $\hat{Y}_i=\hat{\beta}_0+\hat{\beta}_1 X_i$,这是可以把 $(\hat{Y}_i-\bar{Y})$ 看作由自变量 X 的变化引起的 Y 的变化,$\sum_{i=1}^{n}(\hat{Y}_i-\bar{Y})^2$ 反映了 Y 的总变差中由于 X 与 Y 之间的线性关系引起的 Y 的变化部分,它是可以由回归直线来解释的 Y_i 的变差部分,称为回归平方和或可解释的变差平方和,记为 SSR。

(2) $\sum_{i=1}^{n}(Y_i-\hat{Y}_i)^2$ 是各观测值与回归方程估计值的残差的平方和,它是除了 X 对 Y 的线性影响之外的其他因素引起的 Y 的变化部分,是不能由估计的回归直线来解释的 Y_i 的变差部分,称为剩余平方和或残差平方和,记为 SSE。

三个平方和的关系又可表示为

总变差平方和(SST)=回归平方和(SSR)+剩余平方和(SSE)

即

$$\sum_{i=1}^{n}(Y_i-\bar{Y})^2 = \sum_{i=1}^{n}(\hat{Y}_i-\bar{Y})^2 + \sum_{i=1}^{n}(Y_i-\hat{Y}_i)^2 \qquad (7-18)$$

从式(7-18)中可以直观的看出,估计的回归直线拟合的好坏取决于 SSR、SSE 的大小,进一步说取决于回归平方和(SSR)占总变差平方和(SST)比例的大小。各观测值越靠近回归直线,SSR/SST 越大,直线拟合的就越好,我们把这个比例称为判定系数(coefficient of determination),记为 R^2,其计算公式为

$$R^2 = \frac{SSR}{SST} = \frac{\sum_{i=1}^{n}(\hat{Y}_i-\bar{Y})^2}{\sum_{i=1}^{n}(Y_i-\bar{Y})^2} = 1 - \frac{\sum_{i=1}^{n}(Y_i-\hat{Y}_i)^2}{\sum_{i=1}^{n}(Y_i-\bar{Y})^2} \qquad (7-19)$$

判定系数度量了估计的回归直线对观测数据的拟合程度,它的取值范围是[0,1]。$R^2=1$,即剩余平方和(SSE)为 0,表示拟合是完全的,所有的观测值点都落在估计的回归直线上;$R^2=0$,即回归平方和(SSR)为 0,表示 Y 的变化与 X 无关,X 完全无助于解释 Y 的变差。R^2 越接近 1,表明回归平方和占总变差平方和的比例越大,估计的回归直线与各观测值越接近,用 X 的变化来解释 Y 值变差的部分就越多,估计的回归直线拟合程度越好;反之,R^2 越接近 0,估计的回归直线拟合程度就越差。

【例 7-4】 根据例 7-3 中表 7-5 的数据,计算人均消费支出对人均可支配收入回归的判定系数,并解释其意义。

解:根据前面的公式和数据,计算得到表 7-7 中的参数。

表 7-7 总变差平方和分解与判定系数

总变差平方和	回归平方和	剩余平方和	R^2
7 341 763	7 111 579	230 183.3	0.969

从表 7-7 中可以看出,人均消费支出对人均可支配收入回归的判定系数为 0.969。其实际意义是:在人均消费支出的总变差中,有 96.9% 可以由人均可支配收入与人均消费支出之间的关系来解释,可见估计的回归直线拟合程度非常高。

2. 估计标准误差

判定系数可用于度量回归直线的拟合程度,相关系数也可以起到类似的作用,而剩余平方和(SSE)可以说明观测值与回归估计值之间的差异程度。估计标准误差(standard error of estimate)就是度量各观测点在估计的回归直线周围散布状况的一个统计量,它可以由均方残差(MSE)的平方根表示,记为 S_e,计算公式为

$$S_e = \sqrt{\frac{\sum_{i=1}^{n}(Y_i - \hat{Y}_i)^2}{n-2}} = \sqrt{\frac{\text{SSE}}{n-2}} = \sqrt{\text{MSE}} \qquad (7-20)$$

估计标准误差 S_e 是对残差项 ε 的标准差 σ 的估计,它可以看作,在排除了 X 对 Y 的线性影响后,Y 随机波动大小的一个估计量。从估计标准误差的实际意义看,它反映了用估计的回归直线预测因变量时预测误差的大小。各观测点越靠近直线,S_e 越小,用估计的回归直线进行预测也就越准确。如果观测值都落到回归直线上,则 $S_e=0$,此时用自变量来预测因变量是没有误差的,可见 S_e 也从另一个角度说明估计的回归直线的拟合优度。

7.2.6 显著性检验

回归分析的主要目的是根据所建立的估计的回归方程,用自变量去估计和预测因变量的取值。为什么建立了估计的回归方程后不能立刻就进行估计和预测等应用呢?因为该估计的回归方程是根据样本数据得到的,需要我们检验来证实它是否能真实地反映总体自变量与因变量之间的关系。

对估计的回归直线进行检验主要基于以下理由:

(1)在根据样本数据得到估计的回归方程时,我们已经假定变量 X 与 Y 之间是有线性关系的,即 $Y=\beta_0+\beta_1 X+\varepsilon$,但是这个假设是否成立,是需要用检验来证实的。

(2)用样本数据得到的估计的回归方程描述了因变量与自变量之间的统计规律,这个方程能否真正地表达出自变量与因变量之间的关系,因变量的变化能否通过模型中的自变量去解释,需要我们来检验证实。

因此回归分析中的显著性检验主要包括线性关系的检验和回归系数的检验两种。

1. 线性关系的检验——F 检验

回归方程线性关系的检验称为 F 检验,它检验自变量 X 和因变量 Y 之间的线性关系是否显著,或者说,它们之间能否用一个线性模型:$Y=\beta_0+\beta_1 X+\varepsilon$ 来表示。F 检验是根据总变差平方和的分解式,直接从回归效果检验回归方程的显著性。将回归平方和 SSR 除以相应的自由度(SSR 的自由度是自变量的个数 k,一元线性回归中该自由度为 1)后的结果称为均方回归,记为 MSR;将剩余平方和 SSE 除以其相应的自由度(SSE 的自由度为 $n-k-1$,一元线性回归中该自由度为 $n-2$)后的结果称为均方残差,记为 MSE。

如果原假设($H_0:\beta_1=0$ 表明两个变量之间的线性关系不显著)成立,则比值 MSR/MSE 的抽样分布服从分子自由度为 1、分母自由度为 $n-2$ 的 F 分布,可得

$$F=\frac{\text{SSR}/1}{\text{SSE}/(n-2)}=\frac{\text{MSR}}{\text{MSE}}\sim F(1,n-2) \qquad (7-21)$$

当原假设 H_0 成立时,MSR/MSE 的值应接近 1;当原假设 H_0 不成立时,MSR/MSE 的值将变得无穷大。因此,较大的 MSR/MSE 将导致拒绝原假设 H_0,此时我们就可以认定自变量与因变量之间存在着显著的线性关系。

检验步骤如下。

(1)提出假设:

$H_0:\beta_1=0$ 两个变量之间的线性关系不显著

$H_1:\beta_1\neq 0$ 两个变量之间的线性关系显著

(2)计算检验统计量:

$$F=\frac{\text{SSR}/1}{\text{SSE}/(n-2)}=\frac{\text{MSR}}{\text{MSE}}\sim F(1,n-2)$$

(3)做出决策:确定显著性水平 α,并根据分子自由度 $df_1=1$ 和分母自由度 $df_2=n-2$ 查 F 分布表,找到相应的临界值 F_α。若 $F>F_\alpha$,则拒绝原假设 H_0,表明两个变量之间的线性关系是显著的。若 $F<F_\alpha$,则不拒绝原假设 H_0,表明两个变量之间的线性关系是不显著的。

【例 7-5】 根据例 7-4 计算的有关结果,检验人均消费支出与人均可支配收入之间线性关系的显著性。($\alpha=0.05$)

(1)提出假设:

$H_0:\beta_1=0$ 两个变量之间的线性关系不显著

$H_1:\beta_1\neq 0$ 两个变量之间的线性关系显著

(2)计算检验统计量:

$$F=\frac{\text{SSR}/1}{\text{SSE}/(n-2)}=\frac{\frac{7\,111\,579}{1}}{\frac{230\,183.3}{8}}=247.162\,3$$

(3)做出决策:确定显著性水平 $\alpha=0.05$,并根据分子自由度 $df_1=1$ 和分母自由度 $df_2=8$,查 F 分布表,找到相应的临界值 $F_\alpha=5.32$。因为 $F>F_\alpha$,所以拒绝原假设 H_0,表明两个变量之间的线性关系是显著的。

2. 回归系数的检验——t 检验

回归系数的显著性检验是要检验自变量对因变量的影响是否显著。在一元线性回归模型 $Y=\beta_0+\beta_1 X+\varepsilon$ 中,如果回归系数 $\beta_1=0$,则回归线是一条水平线,表明因变量 Y 的取值不依赖于自变量 X,即两个变量之间没有线性关系。如果回归系数 $\beta_1\neq 0$,也不能得出两个变脸之间是存在线性关系的结论,还要看这种关系是否具有统计意义上的显著性。

回归系数的显著性检验就是检验回归系数 β_1 是否等于 0。为了检验原假设 $H_0:\beta_1=0$ 是否成立,需要构造用于检验的统计量。为此需要研究回归系数 β_1 的抽样分布。

第7章 相关与回归分析

估计的回归方程 $\hat{Y}_i = \hat{\beta}_0 + \hat{\beta}_1 X_i$ 是根据样本数据计算的。当抽取不同的样本时,会得到不同的估计方程。实际上,$\hat{\beta}_0$ 和 $\hat{\beta}_1$ 是根据最小二乘法得到的用于估计参数 β_0 和 β_1 的统计量,它们都是随机变量,都有自己的分布。这里只讨论 $\hat{\beta}_1$ 的分布。统计证明,$\hat{\beta}_1$ 是服从正态分布的,它的期望是 $E(\hat{\beta}_1)=\beta_1$,标准差为

$$\sigma_{\hat{\beta}_1} = \frac{\sigma}{\sqrt{\sum_{i=1}^{n} X_i^2 - \frac{1}{n}\left(\sum_{i=1}^{n} X_i\right)^2}} \tag{7-22}$$

式中,σ 是残差项 ε 的标准差。

由于 σ 是未知的,将 σ 的估计量 S_e 带入上式得到 $\sigma_{\hat{\beta}_1}$ 的估计量,即 $\hat{\beta}_1$ 标准差的估计为

$$S_{\hat{\beta}_1} = \frac{S_e}{\sqrt{\sum_{i=1}^{n} X_i^2 - \frac{1}{n}\left(\sum_{i=1}^{n} X_i\right)^2}} \tag{7-23}$$

这样就可以构造出用于检验回归系数 β_1 的统计量 t,则有

$$t = \frac{\hat{\beta}_1 - \beta_1}{S_{\hat{\beta}_1}} \tag{7-24}$$

该统计量服从自由度为 $n-2$ 的 t 分布,如果原假设成立,则 $\beta_1=0$,检验的统计量为

$$t = \frac{\hat{\beta}_1}{S_{\hat{\beta}_1}} \tag{7-25}$$

回归系数的显著性检验的步骤如下:

(1)提出检验:

$$H_0 : \beta_1 = 0 \text{(自变量对因变量的影响不显著)}$$
$$H_1 : \beta_1 \neq 0 \text{(自变量对因变量的影响显著)}$$

(2)计算检验统计量 t:

$$t = \frac{\hat{\beta}_1}{S_{\hat{\beta}_1}}$$

(3)做出决策:确定显著性水平 α,并根据自由度 $df=n-2$ 查 t 分布表,找到相应的临界值 $t_{\alpha/2}$。若 $|t|>t_{\alpha/2}$,则拒绝 H_0,回归系数等于0的可能性小于 α,表明自变量 X 对因变量 Y 的影响是显著的,也就是说,两个变量之间存在着显著的线性关系;若 $|t|<t_{\alpha/2}$,则不拒绝 H_0,没有证据表明 X 对 Y 的影响显著,或者说,二者之间尚不存在显著的线性关系。

【例 7-6】 根据例 7-4 的有关结果,检验回归系数的显著性。($\alpha=0.05$)

(1)提出检验:

$$H_0 : \beta_1 = 0 \text{(自变量对因变量的影响不显著)}$$
$$H_1 : \beta_1 \neq 0 \text{(自变量对因变量的影响显著)}$$

(2)计算检验统计量 t:则有

$$S_{\hat{\beta}_1} = \frac{S_e}{\sqrt{\sum X_i^2 - \frac{1}{n}\left(\sum X_i\right)^2}} = \frac{169.625\,8}{3\,633.18} = 0.046\,688$$

$$t = \frac{\hat{\beta_1}}{S_{\hat{\beta_1}}} = \frac{0.734}{0.046\,688} = 15.721\,396$$

(3)做出决策:确定显著性水平 $\alpha=0.05$,并根据自由度 $df=n-2=10-2=8$ 查 t 分布表,找到相应的临界值 $t_{a/2}=2.306$。因为 $t>t_{a/2}$,所以 t 的统计量的值落在了拒绝域,拒绝 H_0,回归系数等于0的可能性小于0.05,表明自变量 X 对因变量 Y 的影响是显著的,也就是说,两个变量之间存在着显著的线性关系。

7.2.7 残差分析

在回归模型 $Y=\beta_0+\beta_1 X+\varepsilon$ 中,假定 ε 是期望值为0,方差相等且服从正态分布的一个随机变量。如果关于 ε 的假定不成立,那么所做的预测和检验都不成立了,确定有关 ε 的假定是否成立的方法之一就是进行残差分析。

1. 残差与残差图

残差是因变量的观测值 Y_i 与估计的回归方程求出的预测值 $\hat{Y_i}$ 之差,用 $\hat{\varepsilon_i}$ 表示。它反映了用估计的回归方程去预测 Y_i 而引起的误差。

第 i 个观测值的残差可以表示为

$$\hat{\varepsilon_i}=Y_i-\hat{Y_i} \tag{7-26}$$

有了式(7-26),我们就可以计算出残差并绘出图,常用的残差图有关于 X 的残差图、标准化残差图等。关于 X 的残差图横轴是自变量 X 样本值,纵轴是对应的残差,每个 X_i 的值与对应的残差 $\hat{\varepsilon_i}$ 用图中的一个点来表示。

为分析残差图,首先考察一下残差图的形态及其反映的信息。图 7-6 给出了3种不同形态的残差图。

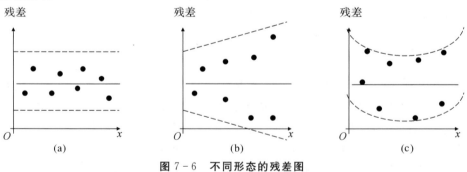

图 7-6 不同形态的残差图
(a)满意的模型;(b)非常数方差;(c)模型不合理

若对于所有的 X 值,ε 的方差都相同,而且假定描述变量 X 和 Y 之间关系的回归模型是合理的,那么残差图中的所有点都应落在一条水平带中间如图 7-6(a)所示;如果对所有的 X 值,ε 的方差是不同的,例如,对于较大的 X 值,相应的残差也较大,如图 7-6(b)所示,这违背了 ε 方差相等的假设。如果残差如图 7-6(c)所示,则表明所选择的回归模型不合理,这时候考虑曲线回归或多元回归模型。

2. 标准化残差

对 ε 正态性假定的检验,也可以通过对标准化残差的分析来完成。标准化残差是残差除以它的标准差后得到的数值,也称为 Pearson 残差或半学生化残差,用 Z_e 表示,第 i 个观测值的标准化残差可以表示为

$$\hat{Z}_{\varepsilon_i} = \frac{\hat{\varepsilon}_i}{S_e} = \frac{Y_i - \hat{Y}_i}{S_e} \tag{7-27}$$

式中,S_e 是残差的标准差的估计。

如果残差项 ε 服从正态分布这一假定,那么标准化残差的分布也应服从正态分布。因此,在标准化残差图中,大约有 95% 的标准化残差在 −2~2 之间。

【例 7-7】 根据例 7-3 求得的估计的回归方程,可得到残差和标准化残差,如表 7-8 所示。

表 7-8 预测值、残差和标准化残差

序号	人均可支配收入(X)	人均消费支出(Y)	$\hat{Y}_i$	$\hat{\varepsilon}_i$	$\hat{Z}_{\varepsilon_i}$
1	800	720	716.3	3.7	0.021 812 72
2	1 200	930	1 009.9	−79.9	−0.471 036 835
3	1 600	1 210	1 303.5	−93.5	−0.551 213 318
4	2 000	1 620	1 597.1	22.9	0.135 003 048
5	2 400	2 100	1 890.7	209.3	1.233 892 486
6	2 800	2 400	2 184.3	215.7	1.271 622 595
7	3 200	2 310	2 477.9	−167.9	−0.989 825 84
8	3 600	2 535	2 771.5	−236.5	−1.394 245 451
9	4 000	3 260	3 065.1	194.9	1.148 999 739
10	4 400	3 290	3 358.7	−68.7	−0.405 009 144

根据表 7-8 中的有关结果可绘制人均消费支出和人均可支配收入回归的残差图如图 7-7 所示。

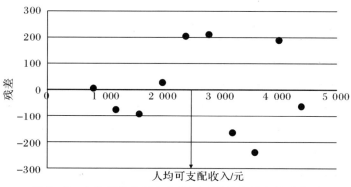

图 7-7 人均消费支出和人均可支配收入回归的残差图

从图 7-7 中可以看出,各残差都位于一条水平带之间,这表明人均消费支出和人均可支配收入回归对残差项 ε 方差相等的假定是成立的。

根据表 7-8 中的有关结果可绘制人均消费支出和人均可支配收入回归的标准化残差图如图 7-8 所示。

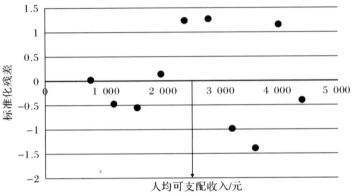

图 7-8 人均消费支出和人均可支配收入回归的标准化残差图

从图 7-8 中可以看出,所有的标准化残差都在 $-2\sim2$ 之间,这表明残差项 ε 服从正态分布的假定成立。

习　　题

7.1　什么是相关关系?它与函数关系有什么不同?
7.2　简述相关分析与回归分析的区别与联系。
7.3　什么是估计标准误?这个指标有什么作用?
7.4　简述判定系数的含义。
7.5　在回归分析中,F 检验和 t 检验各有什么作用?
7.6　相关分析中有哪些基本假定?
7.7　解释回归模型、回归方程、估计的回归方程的含义。
7.8　一元线性回归模型中有哪些基本的假定?
7.9　已知 x 与 y 呈线性相关关系,根据表 7-9 中的 6 对数据,计算一元回归方程,并解释回归系数的意义。

表 7-9　6 对数据线性相关关系

序号	x	y	$x-\bar{x}$	$y-\bar{y}$	$(x-\bar{x})(y-\bar{y})$	$(x-\bar{x})^2$	$(y-\bar{y})^2$
1	3	6	−2	−4	8	4	16
2	5	12	0	2	0	0	4
3	1	3	−4	−7	28	16	49
4	6	13	1	3	3	1	9
5	8	14	3	4	12	9	16
6	7	12	2	2	4	4	4
合计	30	60			55	34	98

7.10 某汽车生产商欲了解广告费用(x)对销售量(y)的影响,收集了过去12年的有关数据。通过计算得到表7-10的有关结果。

表 7-10 某汽车生产商过去 12 年的有关数据

变差来源	df	SS	MS	F	Significance F
回归	?	?	1 602708.6	?	2.17×10^{-9}
残差	?	40 158.07	?	—	—
总计	11	1 642 866.67	—	—	—

(1)对上面方差分析表中5个打问号的地方进行计算。
(2)计算判定系数 R^2,并解释它的意义。

参 考 文 献

[1] 贾俊平,何晓群,金勇进. 统计学[M]. 7版. 北京:中国人民大学出版社,2018.
[2] 马立平. 回归分析[M]. 北京:机械工业出版社,2014.
[3] 谢运恩,李安富. 人人都会数据分析:从生活实例学统计[M]. 北京:电子工业出版社,2017.
[4] SAMPRIT CHATTERJEE,A S HADI. 例解回归分析[M]. 郑忠国,许静,译. 5版. 北京:机械工业出版社,2013.

第8章 时间序列分析和预测

随着物联网、云计算等信息技术的普及和发展,通过相应的传感器和信息系统积累了大量的时间数据,对于一些特定的领域,对时间序列数据进行建模和分析,具有非常重要的意义。时间序列数据中的数据点会随着时间的变化呈现出一定的变化规律,例如温度变化质量监测、水质污染趋势、近5年的硕士研究生报名情况等。时间序列数据描述了现象随时间发展变化的特征。时间序列分析根据其发展的历史阶段和所使用的统计分析方法来看,有传统的时间序列分析和现代的时间序列分析。本章主要介绍传统的时间序列分析方法。

8.1 时间序列概述

时间序列分析可以追溯到7000多年前的古埃及。古埃及人把尼罗河涨落的情况逐天记录下来,这些记录就构成了所谓的时间序列。通过对该时间序列长期的观察,总结出了尼罗河的涨落的规律,并有效促进了古埃及农业的繁荣发展,进而使得古埃及创建了灿烂的史前文明。

8.1.1 时间序列的概念

时间序列(time series)也称动态数列或时间数列,是同一现象在不同时间的相继观察值排列而成的序列。时间序列是按照时间顺序记录的一组数据。根据观察时间的不同,时间序列中的时间可以是年份、季度、月份或其他任何时间形式,一般观测时间用 t 表示,观察值用 $Y_t(t=1,2,\cdots,n)$ 表示。我国2014—2020年人口的时间序列数据如表8-1所示。

表8-1 我国2014—2020年人口的时间序列数据　　　　单位:万人

年份	年末总人口	男性人口	女性人口	城镇人口	乡村人口
2014	137 646	70 522	67 124	76 738	60 908
2015	138 326	70 857	67 469	79 302	59 024
2016	139 232	71 307	67 925	81 924	57 308
2017	140 011	71 650	68 361	84 343	55 668
2018	140 541	71 864	68 677	86 433	54 108
2019	141 008	72 039	68 969	88 426	52 582
2020	141 212	72 357	68 855	90 220	50 992

由表 8-1 可以看出，时间序列由统计指标所属的时间和统计指标在特定时间的具体指标值两种基本要素构成。

时间序列按照指标的类型，分为相对数时间序列、绝对数时间序列、均值时间序列，如图 8-1 所示。

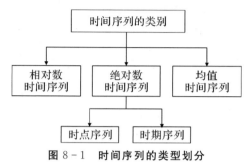

图 8-1　时间序列的类型划分

1. 绝对数时间序列

绝对数时间序列分为时期序列和时点序列。

时期序列是由时期指标构成的反映现象在一段时期内发展过程总量的时间序列。时期序列具有可加性，大小与时间长短有关，如表 8-2 所示。

表 8-2　全国粮食产量　　　　　　　　　　　　　　单位：万吨

年　份	全国粮食产量	年　份	全国粮食产量
2012	61223	2017	66161
2013	63048	2018	65789
2014	63965	2019	66384
2015	66060	2020	66949
2016	66044	2021	68285

数据来源：国家统计局。

时点序列是由时点指标构成的反映现象在某一时点上所达到的数量水平或状态的数列。时点序列不具有可加性，大小与时间长短无关，如表 8-1 中所示的 2014—2020 年的年末总人口数即为时点序列。

需要指出的是，时间序列可以分为连续时点序列和间断时点序列。前者表示资料天天有，后者表示资料并非天天有。

2. 相对数时间序列

相对数时间序列是指把同类的相对数指标值按时间的先后顺序排列起来，所形成的时间序列。进出口总值同比增长（%）就是相对数时间序列，相对数时间序列的值是不能相加的，如表 8-3 所示。

表 8-3　进出口时间序列数据

时间	进出口总值当期值/千美元	进出口总值同比增长/(%)
2022 年 2 月	404 249 368	8.1
2022 年 1 月	569 200 293	22.2
2021 年 12 月	586 534 153	20.3
2021 年 11 月	579 339 168	26.1
2021 年 10 月	515 903 015	24.3

数据来源：国家统计局。

3. 平均数时间序列

平均数时间序列是由一系列同类的平均指标值按照时间的先后顺序排列起来,形成的时间序列,各期指标数值也不可直接相加,如表 8-4 所示。

表 8-4　平均工资和人均可支配收入时间序列　　　　　　　单位：元

时间	2020 年	2019 年	2018 年	2017 年
平均工资	108 132	—	89 474	81 114
人均可支配收入	—	30 733	—	25 974

数据来源：国家统计局。

时间序列分析和预测的目的总结为三点：①分析过去的时间序列数据,描述现象的动态变化；②认识规律,揭示现象的变化规律；③预测未来,预测未来的数量趋势,如图 8-2 所示。

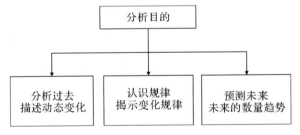

图 8-2　时间序列分析和预测的目的

8.1.2　时间序列的构成要素

一般规律而言,事物在时间方面的发展主要受到长期趋势、季节变动、循环变动和不规则变动 4 种要素的影响,这也是时间序列构成的 4 种要素。

1. 趋势

趋势(Trend,T)是指客观现象受根本原因的作用在某一个相当长的时期内持续发展变化的基本趋势。

趋势分析是为了认识和掌握社会经济现象发展的规律性,为统计预测提供必要条件;同时,趋势分析还可以消除其对时间序列的影响,以便分析季节变动与循环变动对时间序列的影响。趋势的测定方法有很多,常用的方法有:时距扩大法、移动平均法、平滑指数法和趋势模型法。

2. 季节变动

由于自然条件和社会条件的影响,社会经济现象会在一年内随着季节的变动而发生周期性变动,这种变动我们称为季节变动。

季节变动(Seasonal fluctuation,S)是时间序列呈现的以年为周期长度的固定变动模式,这种模式重复出现,它是诸如气候条件、生产条件、节假日或人们的风俗习惯等因素影响的结果。农业生产、交通运输、旅游、商品销售等都有明显的季节波动特征。季节变动分析的方法包括同期水平平均法、同期比率平均法和长期趋势剔除法。例如,在商业活动中,常常听到"销售旺季"或"销售淡季"、"旅游旺季"或"旅游淡季"。注意,这里"季节"一词是广义的,它不仅仅是指一年中的四季,其实是指一种周期性的变化。

3. 循环变动

循环变动(Cyclical variation,C)是指以若干年为一定周期而呈现的一种规律性波动。

循环变动一般周期较长,是以若干年为周期的社会经济现象的观测数据为基础的一种波动规律。在测定循环变动时,往往采用剩余法。剩余法是指从时间序列数据中剔除长期趋势、季节变动和不规则变动后,进而求出循环变动影响的一种方法。

4. 不规则变动

时间序列由于受偶然性因素的影响而表现出的不规则变动(Irregular variation,I),有时也称为随机变动。

不规则变动是由一些不可估计、不可预料的原因引起的变动,具有很大的随机性。在进行不规则变动分析时,先从时间序列中剔除长期趋势、季节变动和循环变动,剩下的就是不规则变动。

结论:一个时间序列可能由一种成分组成,也可能同时含有几种成分。观察时间序列的图形就可以大致判断时间序列所包含的成分,为选择适当的预测模型奠定基础。

8.1.3 加法模型与乘法模型

时间序列分解的基本思想是将数据分解为不同的因素,以达到解释数据、建立数学模型、数据预测的目的,时间序列分解的方法有很多,较常用的模型有加法模型和乘法模型。对于长期趋势因素(T_t)、季节变动因素(S_t)、循环变动因素(C_t)、不规则变动因素(I_t),加法模型和乘法模型总结如下:

1. 加法模型

加法模型中,假定四种变动因素是相互独立的,序列各时期发展水平是各构成因素之和,即

$$Y_t = T_t + S_t + C_t + I_t$$

2. 乘法模型

在乘法模型中,假定四种变动要素之间存在着交互作用,时间序列各时期发展水平是各构成要素的乘积,即

$$Y_t = T_t \times S_t \times C_t \times I_t$$

式中:Y_t 为第 t 期的值;T_t 为第 t 期的长期趋势值;S_t 为第 t 期的季节变动因素;C_t 为第 t 期的循环变动因素;I_t 为第 t 期的不规则变动因素(随机因素),服从正态分布。

8.2 时间序列的描述性分析

时间序列的描述性分析旨在对直观的时间序列数据进行绘图观测或指标计算,寻找时间序列中蕴含的发展规律。描述性分析具有操作简单、直观有效的特点,通常作为时间序列分析的第一步。

8.2.1 图形描述

通过图形可以观察数据随着时间变化的规律。下述给出一个时间序列,并通过图形进行观察和分析。

【例 8-1】 表 8-5 给出了 2002—2021 年我国原油生产量(万吨)、天然气生产量(亿立方米)、居民消费价格指数、农业用水总量(亿立方米)等的时间序列。

表 8-5 2002—2021 年我国原油生产量等时间序列

年 份	原油生产量 万吨	天然气生产量 亿立方米	居民消费 价格指数	农业用水总量 亿立方米
2002	16 700.00	326.61	—	—
2003	16 959.98	350.15	686.5	—
2004	17 587.32	414.60	669.8	3 585.7
2005	18 135.29	493.20	650.9	3 580.0
2006	18 476.57	585.53	637.5	3 664.4
2007	18 631.82	692.40	627.5	3 599.5
2008	19 043.96	802.99	615.2	3 663.5
2009	18 949.00	852.69	606.7	3 723.1
2010	20 301.40	957.91	594.8	3 689.1

第8章 时间序列分析和预测

续表

年 份	原油生产量 万吨	天然气生产量 亿立方米	居民消费 价格指数	农业用水总量 亿立方米
2011	20 287.60	1 053.37	579.7	3 743.60
2012	20 747.8	1 106.08	565.0	3 902.5
2013	20 991.9	1 208.58	536.1	3 921.5
2014	21 142.9	1 301.57	519.0	3 869.0
2015	21 455.58	1 346.10	522.7	3 852.2
2016	19 968.52	1 368.65	493.6	3 768.0
2017	19 150.61	1 480.35	471.0	3 766.4
2018	18 932.42	1 601.59	464.0	3 693.1
2019	19 101.41	1 753.62	455.8	3 682.3
2020	—	1 924.95	438.7	3 612.4
2021	—	2 075.80	433.5	—

数据来源:国家统计局。

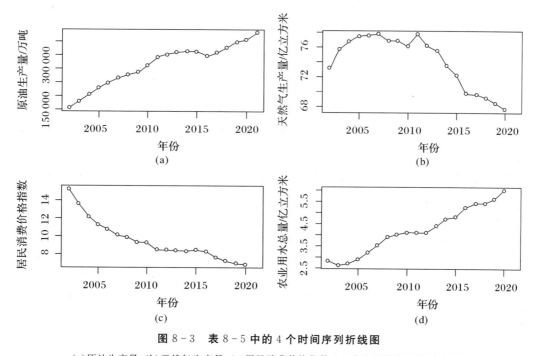

图 8-3 表 8-5 中的 4 个时间序列折线图

(a)原油生产量;(b)天然气生产量;(c)居民消费价格指数;(d)农业用水总量(亿立方米)

图 8-3 显示,我国原油生产量(万吨)、居民消费价格指数、农业用水总量(亿立方米)呈现一定的线性趋势,天然气生产量呈现一定的多阶曲线变化。

8.2.2 统计指标计算

1. 发展水平

时间序列中每一项具体指标值叫作发展水平。通常以 $a_0, a_1, a_2, \cdots, a_n$ 表示。a_0 叫最初水平, a_n 叫最末水平, 中间各项叫中间水平。用来作为对比基础的那一时间水平叫作基期水平, 所研究的那一时期水平为报告期水平。

例如表 8-6 所示, 2016 年的 900 万元是该时间序列的最初水平也常被处理为基期水平, 2021 年的 1200 万元是该时间序列的最末水平, 其余是中间水平。

表 8-6 某单位 2016—2021 年经费开支费用(万元)

年 份	2016	2017	2018	2019	2020	2021
开支费用	900	930	1 000	1 300	1 400	1 200

2. 平均发展水平

平均发展水平是指将不同时期的发展水平加以平均得到的数值。根据时间序列的不同性质确定不同的计算方法, 下述分别介绍时期序列和时点序列的平均发展水平计算方法。

(1) 时期序列的平均发展水平。时期序列的平均发展水平的计算比较简单, 可采用简单算术平均数方法进行计算, 其计算公式为

$$\bar{a} = \frac{a_1 + a_2 + \cdots + a_n}{n} = \frac{\sum_{i=1}^{n} a_i}{n} \tag{8-1}$$

式中, $\bar{a}$ 为平均发展水平; a_i 为第 i 期的发展水平; n 为时期个数。

【例 8-2】 利用表 8-6 中的数据, 计算某单位 2016—2021 年经费开支费用的平均发展水平。

解: 根据表 8-6 中所示的数据计算得

$$\bar{a} = \frac{900 + 930 + 1\,000 + 1\,300 + 1\,400 + 1\,200}{6} = \frac{6\,730}{6} = 1\,121.7(万元)$$

(2) 时点序列的平均发展水平。时点序列的各项数据都是间断统计的, 例如每周、每月、每季度或每半年定期统计一次; 或者是现象发生时才统计一次, 即不定期统计。因此, 根据时点序列间隔的不同, 将采取不同的计算方法。

1) 间隔相等的间断时点序列。时间间隔相同的时点序列平均发展水平采用"首尾折半法", 其计算公式为

$$\bar{a} = \frac{\frac{a_1+a_2}{2} + \frac{a_2+a_3}{2} \cdots + \frac{a_{n-1}+a_n}{2}}{n-1} = \frac{\frac{a_1}{2} + a_2 + \ldots a_{n-1} + \frac{a_n}{2}}{n-1} \tag{8-2}$$

式中, $\bar{a}$ 为平均发展水平; a_i 为第 i 个时点的发展水平; n 为时点个数。

注意: 公式(8-2)中, 假设每个时间间隔内的现象数量变化是均匀的。

第 8 章 时间序列分析和预测

【例 8-3】 某部队 2019 年上半年各月初防爆弹消耗情况统计如表 8-7 所示，请计算该单位上半年防爆弹月平均消耗量。

表 8-7 某部队 2019 年上半年各月初防爆弹消耗情况统计表

单位：枚

月份	1月初	2月初	3月初	4月初	5月初	6月初
消耗量	160	120	320	510	400	820

解：根据公式 8-2，可计算得出该部队 2019 年上半年防爆弹平均消耗量为

$$\bar{a}=\frac{\frac{160}{2}+120+320+510+400+\frac{820}{2}}{6-1}=\frac{1\,840}{5}=368(枚)$$

2) 间隔不等的间断时点序列。假设每个时点序列的现象数量变化是均匀的，由于时点间隔不同，则需要时点间隔为权数进行加权计算。其计算公式为

$$\bar{a}=\frac{\frac{a_1+a_2}{2}f_1+\frac{a_2+a_3}{2}f_2\cdots+\frac{a_{n-1}+a_n}{2}f_{n-1}}{f_1+f_2+\cdots+f_{n-1}} \tag{8-3}$$

式中，$\bar{a}$ 为平均发展水平；a_i 为第 i 个时点的发展水平；f 为时点间隔的距离。

【例 8-4】 某部队 2020 年手枪子弹消耗情况统计如表 8-8 所示，请计算该单位 2020 年手枪子弹月平均消耗量。

表 8-8 某部队 2020 年手枪子弹消耗情况统计表

单位：枚

日期	1月1日	5月1日	7月1日	10月1日	12月1日
消耗量	160	120	320	510	400

解：根据公式 (8.3)，可计算得出该部队 2020 年手枪子弹平均消耗量为

$$\bar{a}=\frac{\frac{160+120}{2}\times 4+\frac{120+320}{2}\times 2+\cdots+\frac{510+400}{2}\times 2}{4+2+3+2}\approx 173.6(枚)$$

3) 间隔不等的连续时点序列。间隔不等的连续时点序列计算平均数时，可以使用以时间间隔为权数的加权算术平均法，其计算公式为

$$\bar{a}=\frac{a_1f_1+a_2f_2+\cdots+a_nf_n}{f_1+f_2+\cdots+f_n} \tag{8-4}$$

式中，$\bar{a}$ 为平均发展水平；a_i 为第 i 个时点的发展水平；f 为时点间隔的距离。

【例 8-5】 某部队 2020 年 1 月手枪子弹消耗情况统计如表 8-9 所示，请计算该单位 2020 年 1 月手枪子弹月平均消耗量。

表 8-9 某部队 2020 年 1 月手枪子弹消耗情况统计表

单位：枚

日期	1月1日	1月8日	1月13日	1月23日	1月31日
消耗量	160	120	320	510	400

解：根据公式 (8-4)，可计算得出该部队 2020 年 1 月手枪子弹平均消耗量为

$$\bar{a}=\frac{160\times7+120\times5+\cdots+400\times1}{7+5+10+8}\approx313(枚)$$

4)间隔相等的连续时点序列。间隔相等的连续时点序列的计算公式为

$$\bar{a}=\frac{\sum_{i=1}^{n}a_i}{n} \qquad(8-5)$$

式中,$a\bar{a}$ 为平均发展水平;a_i 为第 i 个时点的发展水平;f 为时点间隔的距离。

【例 8-6】 某部队 5 天内手枪子弹消耗情况统计如表 8-10 所示,请计算该单位 5 天内手枪子弹月平均消耗量。

表 8-10 某部队 2020 年 5 天内手枪子弹消耗情况统计表

单位:枚

日期	1月1日	1月2日	1月3日	1月4日	1月5日
消耗量	160	120	320	510	400

解:根据公式 8-5,可计算得出该部队 2020 年 5 天内手枪子弹平均消耗量为

$$\bar{a}=\frac{160+120+\cdots+400}{5}=302(枚)$$

3. 增长量

在一定时期内增长的绝对数量称为增长量。增长量是报告期水平和基期水平之差,主要反映报告期比基期增长或减少的数量,计算公式为

$$增长量=报告期水平 - 基期水平 \qquad(8-6)$$

根据所采用的不同基期,增长量可以分为逐期增长量和累计增长量。其中:

逐期增长量的计算公式为

$$逐期增长量=报告期水平-前一期水平 \qquad(8-7)$$

累计增长量的计算公式为

$$累计增长量=报告期水平-固定期水平 \qquad(8-8)$$

假设 $a_0,a_1,a_2,\cdots,a_n$ 为时间序列的具体指标值,假设 a_0 为固定期,则

各期逐期增长量为:$a_1-a_0,a_2-a_1,a_3-a_2,\cdots,a_n-a_{n-1}$;

各期累计增长量为:$a_1-a_0,a_2-a_0,a_3-a_0,\cdots,a_n-a_0$;

在一定时期内,各逐期增长量之和等于累计增长量:

$$(a_1-a_0)+(a_2-a_1)+(a_3-a_2)+\cdots+(a_n-a_{n-1})=a_n-a_0$$

4. 发展速度与增长速度

(1)发展速度。发展速度主要用于反映现象发展变化速度的一种动态相对指标。发展速度是报告期水平与基期水平的比值,一般用百分比表示发展速度。

发展速度可以分为环比发展速度和定基发展速度。其中,环比发展速度是报告期发展水平与前一期发展水平之比,反映现象逐期发展程度;定基发展速度是报告期发展水平与基

期发展水平之比,反映现象在较长时间内总的发展速度。其计算公式为

$$发展速度 = \frac{报告期水平}{基期水平} \times 100\%$$

$$环比发展速度 = \frac{报告期水平}{基期水平(报告前一期水平)} \times 100\%$$

$$定基发展速度 = \frac{报告期水平}{基期水平(固定期水平)} \times 100\%$$

(2) 增长速度。增长速度也称为增长率,反映现象增长程度的动态相对指标。增长速度等于发展速度减 1。同理可以推出:

$$环比增长速度 = 环比发展速度 - 1;$$

$$定基增长速度 = 定基发展速度 - 1。$$

8.3 时间序列预测方法的评估

时间序列预测方法有很多,不同方法的好坏取决于预测误差的大小,其中预测误差是预测值与实际值的差距。目前,误差的度量方法有平均误差、平均绝对误差、均方误差、平均百分比误差和平均绝对百分比误差。较为常用的是均方误差 MSE 可表示为

$$\text{MSE} = \frac{\sum_{i=1}^{n}(Y_i - F_i)^2}{n} \tag{8-9}$$

式中,Y_i 表示时间序列第 i 期的观察值,F_i 表示时间序列第 i 期的预测值;n 为预测误差的个数。

8.4 平稳时间序列的预测

如果时间序列不包含趋势、季节、循环变动等成分,其波动主要是随机因素导致的,这样的时间序列称为平稳时间序列,平稳时间序列的预测方法主要有简单平均法、移动平均法、指数平滑法等。

8.4.1 简单平均法

简单平均法是将最近 k 期的观察值通过简单平均来预测下一期的数值。
假设时间序列已有的 k 期观察值为 $Y_1, Y_2, \cdots, Y_k$,则 $k+1$ 期的预测值 F_{t+1} 为

$$F_{k+1} = \frac{1}{k}(Y_1 + Y_2 + \cdots + Y_k) = \frac{1}{k}\sum_{i=1}^{k} Y_i \tag{8-10}$$

第 $k+1$ 期的预测误差为 e_{t+1},则有

$$e_{k+1} = Y_{k+1} - F_{k+1} \tag{8-11}$$

第 $k+2$ 期的预测值为

$$F_{k+2}=\frac{1}{k+1}(Y_1+Y_2+\cdots+Y_{k+1})=\frac{1}{k+1}\sum_{i=1}^{k+1}Y_i \qquad (8-12)$$

【例 8-7】 根据表 8-3 中进出口总值同比增长数据,利用简单平均法预测 2022 年 3 月的进出口总值同比增长数据值。

解:根据式(8-12),得

$$F_{2022.3}=\frac{8.1\%+22.2\%\cdots+24.3\%}{5}=20.2\%$$

简单平均法更适合于较为平稳的时间序列,如果时间序列中存在趋势、季节等成分,预测的准确性将大大降低。另外,简单平均法将各期的数值没有区别考虑,均等同对待,考虑到近期的数值比远期的数值对未来具有更大的作用,学者们提出了移动平均法。

8.4.2 移动平均法

移动平均法是选择一定长度的移动间隔,对序列逐期移动求得平均数作为下一期的预测值的一种预测方法。移动平均法可以分为简单移动平均法和加权移动平均法。这里主要介绍简单移动平均法。

简单移动平均法将最近 p 期数据进行算术平均,作为下一期的预测值,设移动间隔为 p ($1<p<k$),则 $k+1$ 期的移动平均预测值为

$$F_{k+1}=\overline{Y_k}=\frac{Y_{k-p+1}+Y_{k-p+2}+\cdots+Y_{k-1}+Y_k}{p} \qquad (8-13)$$

简单移动平均法的特点为:将每个观察值都给予相同的权数;只使用最近期的数据,在每次计算移动平均值时,移动的间隔都为 p;主要适合对较为平稳的序列进行预测;对于同一个时间序列,采用不同的移动步长预测的准确性是不同的。

【例 8-8】 根据表 8-11 中男性人口数据,分别取移动间隔 $p=3$ 和 $p=5$ 预测历史各年份和 2022 年的男性人口数据,并给出预测误差,并将原时间序列和预测后的时间序列绘制成图形进行比较。

解:根据简单移动平均的步骤,计算移动间隔分别为 $p=3$ 和 $p=5$ 时,男性人口数据序列的预测值,并计算预测误差,具体如表 8-11 所示。

由表 8-11 的预测结果可以看出 3 项的移动平均的均方误差为 558.85,5 项的移动平均的均方误差为 741.83。同时结合图 8-4 可以看出,就本时间序列而言,采用 3 项和 5 项移动平均,预测的效果相差不大。

表 8-11 我国男性人口移动平均预测

年 份	序 号	男性人口/万人	3 项移动平均预测	预测误差	5 项移动平均预测	预测误差
2002	1	66 115	—	—	—	—
2003	2	66 556	—	—	—	—
2004	3	66 976	—	—	—	—

第8章 时间序列分析和预测

续表

年份	序号	男性人口/万人	3项移动平均预测	预测误差	5项移动平均预测	预测误差
2005	4	67 375	66 549	826	—	—
2006	5	67 728	66 969	759	—	—
2007	6	68 048	67 359.666 67	688.333 33	66 950.0	1 098.0
2008	7	68 357	67 717	640	67 336.6	1 020.4
2009	8	68 647	68 044.333 33	602.666 67	67 696.8	950.2
2010	9	68 748	68 350.666 67	397.333 33	68 031.0	717.0
2011	10	69 161	68 584	577	68 305.6	855.4
2012	11	69 660	68 852	808	68 592.2	1 067.8
2013	12	70 063	69 189.666 67	873.333 33	68 914.6	1 148.4
2014	13	70 522	69 628	894	69 255.8	1 266.2
2015	14	70 857	70 081.666 67	775.333 33	69 630.8	1 226.20
2016	15	71 307	70 480.666 67	826.333 33	70 052.6	1 254.40
2017	16	71 650	70 895.333 33	754.666 67	70 481.8	1 168.20
2018	17	71 864	71 271.333 33	592.666 67	70 879.8	984.20
2019	18	72 039	71 607	432	71 240	799.00
2020	19	72 357	71 851	506	71 543.4	813.60
2021	20	72 311	72 086.666 67	224.333 33	71 843.4	467.60
2022	21	—	72 235.666 67		72 044.2	
合计				11177		14 836.6
平均				558.85		741.83

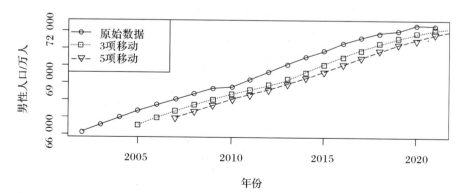

图 8-4 我国男性人口预测曲线

8.4.3 指数平滑法

指数平滑法是指利用本期实际观察值与本期预测值,将 $k+1$ 期的预测值等于第 k 期的实际观察值与第 k 期预测值的加权平均。指数平滑法是一种特殊的加权移动平均。它的特点观察值的时间越远,其权重越小,权重由近到远按指数递减排列,所以也称为指数平滑法。指数平滑法有一次指数平滑法、二次指数平滑法、三次指数平滑法等,本文主要介绍一次指数平滑法。

一次指数平滑法的模型为

$$F_{k+1} = \alpha Y_k - (1-\alpha) F_k \qquad (8-14)$$

式中,Y_k 为 k 期的实际观察值;F_k 为 k 期的预测值;α 为平滑系数($0 < \alpha < 1$)。

考虑到第 1 期只有观测值没有观察值,通常可以设 F_1 等于 1 期的实际观察值,即 $F_1 = Y_1$。

第 2 期的预测值为

$$F_2 = \alpha Y_1 - (1-\alpha) F_1 = \alpha Y_1 - (1-\alpha) Y_1 = Y_1$$

第 3 期的预测值为

$$F_3 = \alpha Y_2 - (1-\alpha) F_2 = \alpha Y_2 - (1-\alpha) Y_1$$

第 4 期的预测值为

$$F_4 = \alpha Y_3 - (1-\alpha) F_3 = \alpha Y_3 + \alpha(1-\alpha) Y_2 + (1-\alpha)^2 Y_1$$

……

第 n 期的预测值为

$$F_n = \alpha Y_{n-1} - (1-\alpha) F_{n-1} = \alpha Y_{n-1} + \alpha(1-\alpha) Y_{n-2} + \alpha(1-\alpha)^2 Y_{n-3} + \ldots + (1-\alpha)^{n-2} Y_1$$

平滑系数 α 一般大于 0 小于 1,不同的 α 会对预测结果产生不同的影响。当时间序列有较大的随机波动时,宜选较大的 α,以便能很快跟上近期的变化;当时间序列比较平稳时,宜选较小的 α。选择 α 时,还应考虑预测误差,误差均方来衡量预测误差的大小,确定 α 时,可选择几个进行预测,然后找出预测误差最小的作为最后的值。

【例 8-9】 根据表 8-12 中男性人口数据,分别取平滑系数 $\alpha = 0.3$ 和 $\alpha = 0.5$,用指数平滑法预测历史各年份和 2022 年的男性人口数据,并给出预测误差,并将原时间序列和预测后的时间序列绘制成图形进行比较。

解:从表 8-12 和图 8-5 的预测结果可以看出 $\alpha = 0.5$ 的预测效果较好。

表 8-12 我国男性人口指数平滑预测

年份	男性人口/万人	指数平滑预测 $\alpha = 0.3$	预测误差	指数平滑预测 $\alpha = 0.5$	预测误差
2002	66 115	—	—	—	—
2003	66 556	66 115.000 0	441	66 115	441
2004	66 976	66 247.300 0	728.7	66 335.5	640.5

续表

年份	男性人口/万人	指数平滑预测 α＝0.3	预测误差	指数平滑预测 α＝0.5	预测误差
2005	67 375	66 465.910 00	909.090 000	66 655.750 00	719.250 00
2006	67 728	66 738.637 00	989.363 000	67 015.375 00	712.625 00
2007	68 048	67 035.445 90	1 012.554 100	67 371.687 50	676.312 50
2008	68 357	67 339.212 13	1 017.787 870	67 709.843 75	647.156 25
2009	68 647	67 644.548 49	1 002.451 510	68 033.421 88	613.578 125
2010	68 748	67 945.283 94	802.716 056	68 340.210 94	407.789 063
2011	69 161	68 186.098 76	974.901 239	68 544.105 47	616.894 531
2012	69 660	68 478.569 13	1 181.430 870	68 852.552 73	807.447 266
2013	70 063	68 832.998 39	1 230.001 610	69 256.276 37	806.723 633
2014	70 522	69 201.998 87	1 320.001 130	69 659.638 18	862.361 816
2015	70 857	69 597.999 21	1 259.000 790	70 090.819 09	766.180 908
2016	71 307	69 975.699 45	1 331.300 550	70 473.909 55	833.090 454
2017	71 650	70 375.089 61	1 274.910 390	70 890.454 77	759.545 227
2018	71 864	70 757.562 73	1 106.437 270	71 270.227 39	593.772 614
2019	72 039	71 089.493 91	949.506 089	71 567.113 69	471.886 307
2020	72 357	71 374.345 74	982.654 262	71 803.056 85	553.943 153
2021	72 311	71 669.142 02	641.857 984	72 080.028 42	230.971 577
2022	—	71 861.699 41	—	72 195.514 21	—
合计	—	—	19 155.665	—	12 161.028

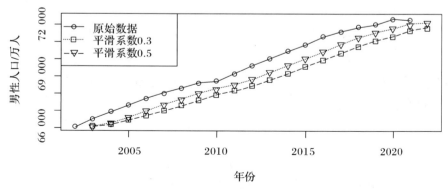

图 8-5 我国男性人口预测曲线

8.5 趋势时间序列预测

当时间序列具有特定的趋势时,可以考虑用趋势法进行预测。时间序列的趋势可以分为线性趋势和非线性趋势两类。本节主要介绍线性趋势和非线性趋势的预测方法。

8.5.1 线性趋势预测

现象随着时间的推移而呈现出稳定增长或下降的线性变化规律称为线性趋势。当各期观测值按线性趋势变化时,可运用线性方程描述为

$$Y_t = a + bt \tag{8-15}$$

对上式可根据最小二乘法得到求解 a 和 b 的标准方程为

$$\left. \begin{array}{l} \sum Y = na + b\sum t \\ \sum tY = a\sum t + b\sum t^2 \end{array} \right\} \tag{8-16}$$

求解,得

$$\left. \begin{array}{l} b = \dfrac{n\sum tY - \sum t \sum Y}{n\sum t^2 - (\sum t)^2} \\ a = \bar{Y} - b\bar{t} \end{array} \right\} \tag{8-17}$$

通过趋势方程可以计算出各期的预测值,并通过这些预测值来分析序列的变化趋势及其模式。

8.5.2 非线性趋势预测

若时间序列中呈现某种非线性趋势,则需要拟合适当的趋势曲线。下述介绍几种常用的趋势曲线。

1. 指数曲线

指数曲线用于描述时间序列以几何级数递增或递减,一般形式为

$$Y_t = ab^t \tag{8-18}$$

为了确定指数曲线中常数 a 和 b 的,采取"线性化"手段将其化为对数直线形式,根据最小二乘法,得到求解 $\lg a$、$\lg b$ 的标准方程为

$$\left. \begin{array}{l} \sum \lg Y = n\lg a + \lg b \sum t \\ \sum t\lg Y = \lg a \sum t + \lg b \sum t^2 \end{array} \right\} \tag{8-19}$$

求出 $\lg a$ 和 $\lg b$ 后,再取其反对数,即得算术形式的 a 和 b。

2. 多阶曲线

有些现象的变化形态比较复杂,它们不是按照某种固定的形态变化,而是有升有降,在

变化过程中可能有几个拐点。这时就需要拟合多项式函数。当只有一个拐点时,可以拟合二阶曲线,即抛物线;当有两个拐点时,需要拟合三阶曲线;当有 $k-1$ 个拐点时,需要拟合 k 阶曲线,k 阶曲线函数的一般形式为

$$Y_t = b_0 + b_1 t + b_2 t^2 + \cdots + b_k t^k \tag{8-20}$$

线性化后,根据最小二乘法可求得 $b_0, b_1, b_2, \cdots, b_k$ 的值。

8.6 复合时间序列的分解预测

复合型时间序列是指含有趋势、季节、周期和随机成分的序列。复合型时间序列的预测方法通常是将时间序列的各个因素依次分解出来,然后进行预测。

8.6.1 时间序列分解法

本文主要介绍含有趋势成分、季节成分和随机成分的时间序列,采用时间序列分解法进行预测。

时间序列分解法预测,模型为 $Y_t = T_t \times S_t \times I_t$,其中 T_t 表示趋势成分,S_t 表示季节成分,I_t 表示随机成分,分解法的步骤主要包括以下几步:

第 1 步:确定并分离季节成分。计算季节指数,以确定时间序列中的季节成分,将季节成分从时间序列中分离出去,即用每一个观测值除以相应的季节指数,以消除季节性。

第 2 步:建立预测模型并进行预测。对消除季节成分的序列建立适当的预测模型,并根据这一模型进行预测。

第 3 步:计算除最后的预测值。用预测值乘以相应的季节指数,得到最终的预测值。

8.6.2 成分确定与季节成分分离

时间序列成分的确定可以利用前面的描述性分析的图形法,下述结合一个例子进行介绍。

【例 8-10】 表 8-13 是一家白酒生产企业 2011—2016 年各季度的白酒销售量数据。用分解预测法预测 2011 年各季度的白酒销售量,并计算出各期的预测值和预测误差。

表 8-13 某白酒生产企业各季度的销量数据(单位:万吨)

年 份	季 度			
	1	2	3	4
2011	20.3	21.2	21.7	20.6
2012	21	21.8	22.2	21.2
2013	21.8	22.1	23	21.7
2014	22.3	22.7	23.8	22.3
2015	22.7	23.3	24.6	23.1
2016	23.9	24.3	25.4	24.1

解:首先绘制白酒销量的时间序列图,如图 8-6 所示。

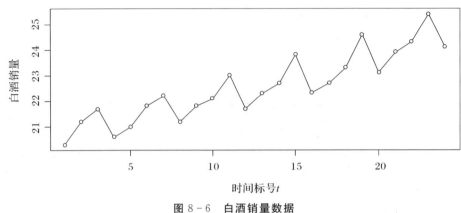

图 8-6 白酒销量数据

从图 8-6 中可以看出,白酒的销量数据具有明显的季节成分,而且后面年份的数值比前面年份的数值大,说明该时间序列具有趋势成分。

为了预测白酒销量,根据时间序列分解法,首先从时间序列中将季节成分分解出去,然后在无季节成分的时间序列上利用前面的趋势型模型进行预测。

季节指数主要用于刻画时间序列在一个年度内各月或各季度的典型季节特征。

季节指数的计算方法有很多,本文只介绍常用的移动平均趋势剔除法。该方法的基本步骤如下:

第 1 步:计算移动平均值。如果是季度数据,采用 4 项移动平均,如果是月份数据,采用 12 项移动平均。

第 2 步:对上述移动平均值进行中心化处理,也就是将移动平均的结果再进行一次二项移动,即得出中心化移动平均值。

第 3 步:计算移动平均的比值即季节比率。具体操作是将时间序列的各观察值除以相应的中心移动平均值,然后计算出各比值的季度(或月份)的平均值。

第 4 步:季节指数调整。由于季节指数是以其平均数等于 100% 为条件而构成的,所以各季节指数的平均数应该等于 1 或 100%,如根据第 3 步计算的季节比率的平均值不等于 1,则需要进行调整。调整方法是将第 3 步计算的每个季节比率的平均值除以他们的总平均值。

对于第 2 步中,为什么进行中心化移动平均呢?以季度数据为例,4 项移动后,存在移动后没有对应着具体的某个季度,而是在两个季度之间,所以为了解决这个问题,需要进行中心化处理。

下述继续对例 8-10 计算季节指数。首先将表 8-13 中数据进行重新排列,然后按照季节指数计算步骤进行计算,结果如表 8-14 所示。

表 8-14 白酒销量数据的中心化移动平均值及其比值

年份/季度	时间标号 t	销售量 Y	4项移动平均值	中心化移动 CMA	比值 Y/CMA
2011/1	1	20.30	—	—	—
2011/2	2	21.20	—	—	—
2011/3	3	21.70	21.037 5	—	1.031 491 38
2011/4	4	20.60	20.950	21.200 0	0.971 698 11
2012/1	5	21.00	21.125	21.337 5	0.984 182 78
2012/2	6	21.80	21.275	21.475 0	1.015 133 88
2012/3	7	22.21	21.400	21.650 0	1.025 404 16
2012/4	8	21.21	21.550	21.787 5	0.973 035 00
2013/1	9	21.80	21.750	21.925 0	0.994 298 75
2013/2	10	22.10	21.825	22.087 5	1.000 565 93
2013/3	11	23.00	22.025	22.212 5	1.035 453 01
2013/4	12	21.70	22.15	22.350 0	0.970 917 23
2014/1	13	22.30	22.275	22.525 0	0.990 011 10
2014/2	14	22.70	22.425	22.700 0	1
2014/3	15	23.80	22.625	22.825 0	1.042 716 32
2014/4	16	22.30	22.775	22.950 0	0.971 677 56
2015/1	17	22.70	22.875	23.125 0	0.981 621 62
2015/2	18	23.30	23.025	23.325 0	0.998 928 19
2015/3	19	24.60	23.225	23.575 0	1.043 478 26
2015/4	20	23.10	23.425	23.850 0	0.968 553 46
2016/1	21	23.91	23.725	24.075 0	0.992 731 05
2016/2	22	24.30	23.975	24.300 0	1
2016/3	23	25.40	24.175	—	—
2016/4	24	24.10	24.425	—	—

经计算,各比值的算术平均数为 0.833 不等于 1,因此进行调整,并得到最终的季节指数,具体如表 8-15 所示。

表 8-15 各季节指数计算表

年份	季度			
	1	2	3	4
2011	—	—	1.031 909	0.972 092
2012	0.984 582	1.015 545	1.025 82	0.973 429
2013	0.994 702	1.000 971	1.035 873	0.971 311

续表

年份	季度			
	1	2	3	4
2014	0.990 412	1.000 405	1.043 139	0.972 071
2015	0.982 019	0.999 333	1.043 901	0.968 946
2016	0.993 133	1.000 405	—	—
合计	4.944 848	5.016 660	5.180 641	4.857 849
平均	0.988 970	1.003 332	1.036 128	0.971 570
季节指数	0.989 370	1.003 738	1.036 548	0.971 963

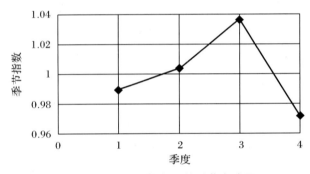

图 8-7　白酒销量数据的季节变动图

从图 8-7 中可以看出，白酒销售的旺季是第 3 季度，淡季是第 4 季度。

计算出季节成分之后，就可以将时间序列的各期观测值除以相应的季节指数，将季节成分从时间序列中分离出去了。其计算公式为

$$\frac{Y}{S}=\frac{T\times S\times I}{S}=T\times I \tag{8-21}$$

8.6.3　建立预测模型

根据式(8-17)，可以计算出线性趋势方程，从而计算出各期的预测值。

利用 Excel 数据分析工具中回归分析可以计算出线性趋势方程，结果如图 8-8 所示。可以看出，分离了季节成分后，确定的线性趋势方程为

$$Y_t=20.423\ 94+0.169\ 05t \tag{8-22}$$

回归统计	季节指数 S
相关系数($Multiple\ R$)	0.988 793
判定系数($R\ Square$)	0.977 711
调整判定系数($Adjusted\ R$)	0.976 698
标准误差	0.184 538
观测值	24

第8章 时间序列分析和预测

方差分析	自由度 df	总平方和 SS	均方 MS	检验统计量 F	ignificance
回归分析	1	32.864 4	32.864 4	965.055 5	1.15×10^{-19}
残差	22	0.749 197	0.034 054		
总计	23	33.613 6			

	系数	标准误差	统计 p_t	P 值
截距(Intercapt)	20.423 94	0.077 755	262.669 2	5.81×10^{-40}
斜率(X Variable)	0.169 05	0.005 442	31.065 34	1.15×10^{-19}

图 8-8 方差分析结果

表 8-16 白酒销售量的预测过程

年份/季度	时间标号 t	销售量 Y	季节指数 S	季节指数分离后 Y/S	回归预测值 F_1	最终预测值 $F_2 = F_1 \times S$	预测误差 $Y - F_2$
2011/1	1	20.3	0.989 37	20.518 10	20.592 99	20.374 09	−0.074 09
2011/2	2	21.2	1.003 74	21.121 04	20.762 04	20.839 65	0.360 35
2011/3	3	21.7	1.036 55	20.934 87	20.931 08	21.696 08	0.003 92
2011/4	4	20.6	0.971 96	21.194 21	21.100 13	20.508 56	0.091 44
2012/1	5	21	0.989 37	21.225 62	21.269 18	21.043 10	−0.043 10
2012/2	6	21.8	1.003 74	21.718 81	21.438 23	21.518 38	0.281 62
2012/3	7	22.2	1.036 55	21.417 24	21.607 28	22.396 99	−0.196 99
2012/4	8	21.2	0.971 96	21.811 52	21.776 33	21.165 80	0.034 20
2013/1	9	21.8	0.989 37	22.034 22	21.945 38	21.712 11	0.087 89
2013/2	10	22.1	1.003 74	22.017 69	22.114 43	22.197 11	−0.097 11
2013/3	11	23	1.036 55	22.189 03	22.283 48	23.097 90	−0.097 90
2013/4	12	21.7	0.971 96	22.325 94	22.452 53	21.823 04	−0.123 04
2014/1	13	22.3	0.989 37	22.539 59	22.621 58	22.381 12	−0.081 12
2014/2	14	22.7	1.003 74	22.615 45	22.790 63	22.875 83	−0.175 83
2014/3	15	23.8	1.036 55	22.960 83	22.959 68	23.798 81	0.001 19
2014/4	16	22.3	0.971 96	22.943 25	23.128 73	22.480 28	−0.180 28
2015/1	17	22.7	0.989 37	22.943 89	23.297 78	23.050 13	−0.350 13
2015/2	18	23.3	1.003 74	23.213 22	23.466 83	23.554 56	−0.254 56
2015/3	19	24.6	1.036 55	23.732 62	23.635 88	24.499 72	0.100 28

续 表

年份/季度	时间标号 t	销售量 Y	季节指数 S	季节指数分离后 Y/S	回归预测值 F_1	最终预测值 $F_2=F1\times S$	预测误差 $Y-F_2$
2015/4	20	23.1	0.971 96	23.766 33	23.804 93	23.137 52	0.037 52
2016/1	21	23.9	0.989 37	24.156 78	23.973 98	23.719 14	0.180 86
2016/2	22	24.3	1.003 74	24.209 49	24.143 03	24.233 28	0.066 72
2016/3	23	25.4	1.036 55	24.504 41	24.312 08	25.200 63	0.199 37
2016/4	24	24.1	0.971 96	24.795 17	24.481 12	23.794 76	0.305 24

经过上述计算就可以进行预测了，例如预测 2017 年第 1 季度的白酒销量，见表 8-16，即将 $t=25$ 代入方程 8-22，可得 24.65 万吨。这个预测值是不包含季节性因素的销售量，因此乘以第 1 季度的季节指数可得到最终的预测值为 24.39 万吨。

习　题

8.1　简述时间序列的构成要素。

8.2　简述时点序列的基本概念和特点是什么？

8.3　简述时期序列的基本概念和特点是什么？

8.4　简述指数平滑法的基本思想。

8.5　简述时间序列分解预测的步骤。

8.6　简述季节指数的计算步骤。

8.7　简述复合时间序列的预测步骤。

8.8　时间序列的描述性分析包括哪些统计指标？

8.9　时期序列与时点序列有哪些区别？

8.10　什么是平均发展水平？

8.11　简述时间序列分析的意义，列举 3-5 个时间序列应用的领域。

8.12　某国家为了争取把人口数量提高到 3 亿人，2008 年末人口数量为 2.5 亿人，计算在 10 年内，人口自然增长率平均应控制在什么水平上？

8.13　某工厂棉花存量情况如表 8-17 所示，计算该工厂这一年各月棉花平均库存量。

表 8-17　某工厂棉花存量情况（单位：吨）

日期	1月1日	3月1日	6月1日	10月1日	12月31日
棉花库存量	1 200	1 400	1 500	1 600	1 800

8.14 某超市2021年员工人数统计如表8-18所示，计算该超市该年度月平均职工人数。

表8-18 某超市2021年职工人数

日期	1月1日	5月31日	8月31日	12月31日
员工人数	360	380	420	450

8.15 某商业银行2015年部分月份的现金库存额资料如表8-19所示。

表8-19 某商业银行2015年部分月份的现金库存额（单位：万元）

日期	1月1日	2月1日	3月1日	4月1日	5月1日	6月1日	7月1日
库存额	300	420	450	530	550	600	510

要求：
(1) 具体说明如表8-19所示的时间序列属于哪一种时间序列。
(2) 分别计算该银行2015年第1季度、第2季度和上半年的平均现金库存额。

8.16 某单位上半年职工人数统计如表8-20所示。

表8-20 某单位上半年职工人数（单位：人）

日期	1月1日	2月1日	5月1日	6月30日
人数	1 200	1 280	1 260	1 210

要求：
(1) 计算第1季度平均人数。
(2) 计算上半年平均人数。

8.17 某单位2018—2021年销售收入资料如表8-21所示，用移动趋势剔除法测定季节变动。

表8-21 某单位2018—2021年销售收入资料（单位：万元）

年 份	第一季度	第二季度	第三季度	第四季度
2018	79	48	69	107
2019	98	66	86	134
2020	113	93	110	148
2021	135	106	125	174

8.18 某地区1980年的人口是150万人，1981—2010年间人口平均增长率为1.2%，之后下降到1%，按此增长率到2018年人口会达到多少？

8.19 表 8-22 是 2002—2021 年我国居民人均可支配收入。分别选择平滑系数 $\alpha = 0.3$ 和 $\alpha = 0.5$ 采用指数平滑法预测 2022 年我国居民人均可支配收入,并将历年的实际值和预测值进行比较。

表 8-22 2002—2021 年我国居民人均可支配收入(单位:元)

年份	居民人均可支配收入	年份	居民人均可支配收入
2002	4 532	2012	16 510
2003	5 007	2013	18 311
2004	5 661	2014	20 167
2005	6 385	2015	21 966
2006	7 229	2016	23 821
2007	8 584	2017	25 974
2008	9 957	2018	28 228
2009	10 977	2019	30 733
2010	12 520	2020	32 189
2011	14 551	2021	35 128

8.20 表 8-23 是我国货运量过去 20 个月的数据:

表 8-23 我国货运量过去 20 个月的数据(单位:万吨)

月份	货运量	月份	货运量
1	406 968	11	432 862
2	413 952	12	450 223
3	412 434	13	458 113
4	430 991	14	456 678
5	447 793	15	444 772
6	441 390	16	453 428
7	465 249	17	457 104
8	449 504	18	453 520
9	415 421	19	466 152
10	261 863	20	460 497

要求:

(1) 用 3 期移动平均法预测第 21 个月的货运量。

(2) 采用指数平滑法,分别用平滑系数 $\alpha = 0.3$、$\alpha = 0.4$ 和 $\alpha = 0.5$ 预测各月的货运量,分析预测误差,并说明用哪一个平滑系数预测更合适。

(3) 建立一个趋势方程预测各月的货运量,计算出估计标准误差。

8.21 表 8-24 是我国 2002—2021 年研究生招生人数数据(单位:万人)。

表 8-24　我国 2002—2021 年研究生招生人数数据(单位:万人)

年份	研究生招生人数	年份	研究生招生人数
2021	117.7	2011	56.016 8
2020	110.655 1	2010	53.817 7
2019	91.650 3	2009	51.095 3
2018	85.796 6	2008	44.642 2
2017	80.610 3	2007	41.861 2
2016	66.706 4	2006	39.792 5
2015	64.505 5	2005	36.483 1
2014	62.132 3	2004	32.628 6
2013	61.138 1	2003	26.892 5
2012	58.967 3	2002	20.261 1

要求:

(1)绘制时间序列图,描述其趋势。

(2)选择一条适合的趋势线拟合数据,并根据趋势线预测 2022 年的研究生招生人数。

8.22　我国农村居民人均可支配收入累计值见表 8-25。

表 8-25　农村居民人均可支配收入累计值(单位:元)

年份/季度	农村居民人均可支配收入累计值	年份/季度	农村居民人均可支配收入累计值
2017/4	13 432	2020/1	4 641
2018/1	4 226	2020/2	8 069
2018/2	7 142	2020/3	12 297
2018/3	10 645	2020/4	17 131
2018/4	14 617	2021/1	5 398
2019/1	4 600	2021/2	9 248
2019/2	7 778	2021/3	13 726
2019/3	11 622	2021/4	18 931
2019/4	16 021	2022/1	5 778

要求:

(1)绘制时间序列图,描述其趋势。

(2)对这一时间序列的构成要素进行分解,计算季节指数,建立剔除季节变动后的趋势方程。

参 考 文 献

[1] 贾俊平,何晓群,金勇进.统计学.7版.北京:中国人民大学出版社,2019.

[2] 李盼盼,宋韶旭,王建民.时间序列对称模式挖掘[J].软件学报,2022,33(3):968－984.

[3] 马小菁.基于时间序列分析的山东大葱价格预测研究[D].烟台:烟台大学,2021.

[4] 潘鸿,张小宇,吴勇民.应用统计学[M].北京:人民邮电出版社,2019.

[5] 李金昌,苏为华.统计学[M].北京:机械工业出版社,2017.